家庭理财教育
对大学生消费行为的
影响研究

JIATING LICAIJIAOYU
DUI DAXUESHENG XIAOFEI XINGWEI DE
YINGXIANG YANJIU

石庆新 ◎ 著

中国财经出版传媒集团

经济科学出版社
Economic Science Press

图书在版编目（CIP）数据

家庭理财教育对大学生消费行为的影响研究／石庆
新著 . —北京：经济科学出版社，2022.9
ISBN 978 - 7 - 5218 - 4040 - 7

Ⅰ . ①家…　Ⅱ . ①石…　Ⅲ . ①家庭管理-财务管理-
影响-大学生-消费者行为论-研究-中国　Ⅳ . ①G645.5

中国版本图书馆 CIP 数据核字（2022）第 172153 号

责任编辑：顾瑞兰
责任校对：李　建
责任印制：邱　天

家庭理财教育对大学生消费行为的影响研究
石庆新　著
经济科学出版社出版、发行　新华书店经销
社址：北京市海淀区阜成路甲 28 号　邮编：100142
总编部电话：010 - 88191217　发行部电话：010 - 88191522
网址：www. esp. com. cn
电子邮箱：esp@ esp. com. cn
天猫网店：经济科学出版社旗舰店
网址：http：//jjkxcbs. tmall. com
北京时捷印刷有限公司印装
880 × 1230　32 开　6.25 印张　170000 字
2022 年 9 月第 1 版　2022 年 9 月第 1 次印刷
ISBN 978 - 7 - 5218 - 4040 - 7　定价：42.00 元
（图书出现印装问题，本社负责调换。电话：010 - 88191510）
（版权所有　侵权必究　打击盗版　举报电话：010 - 88191661
QQ：2242791300　营销中心电话：010 - 88191537
电子邮箱：dbts@ esp. com. cn）

前　　言

　　大学生是祖国的未来、民族的希望，大学生的健康成长直接影响着国家发展和民族振兴。当前，我国大学生积极进取、努力拼搏、向上向善，成为担当民族复兴大任的重要后备军。然而，不可否认的是，也有一部分大学生存在着信仰缺失、思想滑坡的问题，反映在消费方面，主要表现为一些大学生缺乏科学的消费观，从而产生了冲动性消费、攀比性消费、超前性消费等不良消费行为，这些不良消费行为不仅影响到大学生的生活和学业，也影响到他们的健康成长和持续发展。

　　家庭是大学生成长的首要环境，家教家风对大学生的影响往往伴随其一生。习近平总书记高度重视家庭家教家风的培养，强调不论时代和生活格局发生多大变化，都要注重家庭、注重家教、注重家风。2022 年 1 月 1 日，由全国人大常委会审议通过的《家庭教育促进法》正式开始实施。《家庭教育促进法》是为了发扬中华民族重视家庭教育的优良传统，引导全社会注重家庭、家教和家风，增进家庭幸福与社会和谐，培养德智体美劳全面发展的社会主义建设者和接班人而制定的法律。大学生虽已成人，但他们往往还没有独立的经济来源，其日常花销大多来自家庭的供给。因而，家庭因素势必对大学生的消费行为产生重要影响。

正是基于家庭家教家风的深刻影响，本书从家庭教育的视角来探讨当前大学生的消费问题。在写作过程中，笔者竭力做到以下几点：一是明确靶向问题。要完成本书的研究，首先要回答两个问题——大学生究竟存在哪些消费问题？这些消费问题具有怎样的特征？这即是本书的靶向问题。若靶向问题没有搞清楚，势必影响全书的研究质量和效果。正是要回答上述问题，本书在深入访谈的基础上将大学生的消费划分为求实性消费、攀比性消费、超前性消费和冲动性消费等类型，并运用问卷调查的方法呈现了大学生消费问题的现状和特征，着力找准大学生消费的问题和症结。二是注重具体分析。要有效解决大学生消费的问题和症结，必须对大学生消费问题的"病理"进行深入剖析。本书从"家庭理财教育"的视角，探析大学生消费问题和症结的"病因"所在。深入阐述大学生家庭理财教育的现状和特征，并具体探究家庭理财教育对大学生求实性消费、攀比性消费、超前性消费、冲动性消费的影响机制，根据影响机制深入分析大学生不良消费问题产生的"病理"。三是探寻实践路径。理论的分析，在于解决实践问题。探究家庭理财教育对大学生消费问题的影响机制，也是为了对大学生进行科学的消费引导。针对大学生攀比性消费、超前性消费、冲动性消费等不良消费行为的影响因素和形成机制，提出了重视家教家风、推动家校共育、实施家社联动、注重自我教育等新时代大学生消费行为的引导策略。

对于大学生消费问题的研究，缘于我的导师冯维教授的指引。正是冯老师的引领，我对于大学生消费问题的研究产生了浓厚的兴趣并持续关注这一领域。本书在硕士论文的基础上，进一步优化理论支撑，拓展研究广度，深化机制探析，力求有所突破和提升。具体体现在以下方面：一是理论依据突出新范式，在家庭社会化理论的基础上，强调"刺激—机体—反应"（S-O-R）的研究范式，引入中介变量；二是调查数据反映新趋向，采用整群分层抽样的方式重新进行了问卷调查，收集家庭理财教育和大学生消费行为方面的最新数据；三是研究变量增添新内容，为了深入探析家庭理财教育方式对于大学生消费问题的影响机制，增加了中介变量和调节变量；四是研究方法追求新提升，在相关和回归分析的基础上，使用Bootstrap分析程序进行有调节的中介模型分析。在本书付梓之际，深深感恩给予我关心和指导的冯维教授，师恩情深、今生难忘！在本书的出版过程中，还要感谢本书的编辑顾瑞兰女士，顾女士不辞辛苦，悉心审校书稿，耐心与我沟通，为本书的出版付出了大量时间和精力，顾女士的职业精神和专业素养令我钦佩！尽管笔者决心尽最大努力做好这项研究，然而由于水平所限，书中一定还有较多的纰漏和不足，敬请各位专家学者和同行批评指正！

石庆新

2022 年 6 月

目　　录

第1章 绪 论

1.1 研究缘起和研究意义

1.1.1 研究缘起

随着互联网的迅猛发展和智能手机的普及，消费已经成为一件触手可及、异常便捷的事情。由于大学生涉世不深，加之一些商家的过度宣传和不当引导，使得很多大学生陷入了不当购物的怪圈，产生了诸多的不良消费行为。2021 年，天猫、京东两大电商平台"双十一"销售总额累积突破 8 894 亿元，全网交易额超过 9 600 亿元。① 在购物节期间，为数众多的大学生经不起打折和促销的诱惑，沦为了"剁手党"，还有不少大学生不惜利用京东白条和花呗等信贷产品进行透支消费。透支性的超前消费虽然满足了一些大学生的虚荣心和荣耀感，但也给他们带来了沉重的经济负担，影响到他们的正常生活。大学生消费上的无序和过度，反映了他们理财知识和理财能力的匮乏和欠缺。调查发现，目前大学生从未考虑过理财、对理财没有兴趣的人数占比达到 34.48%，大部分大学生存在理财

---

① 《中国信用》杂志编辑部电子商务领域信用建设研究课题组．"双十一"网购综合信用评价报告［J］．中国信用，2022（1）：30 - 49.

观念陈旧、理财规划缺乏、理财技能不足等问题。[①] 大学生中出现的上述不良消费行为，表明大学生理性消费和理财能力欠缺已成为我国高校中普遍存在的问题，加强大学生消费问题研究进而合理引导大学生的消费行为已势在必行。

近年来，随着消费方面出现的问题增多，消费议题也越来越受到党和国家的重视。党的十八大以来，习近平总书记多次在公开场合强调要勤俭节约、反对浪费。他指出，"浪费之风务必狠刹！要加大宣传引导力度，大力弘扬中华民族勤俭节约的优秀传统，大力宣传节约光荣、浪费可耻的思想观念，努力使厉行节约、反对浪费在全社会蔚然成风"[②]。2013 年 1 月 17 日，习近平总书记在新华社的一份材料上作出重要指示，要求广大干部群众厉行节约，反对浪费。[③] 勤俭节约历来是我们的优良传统，以勤俭节约为荣、以奢侈浪费为耻，只有厉行勤俭节约，才能树立良好的社会风尚，才能促进社会的可持续发展。党的十九大报告针对消费问题作出重要要求，"倡导简约适度、绿色低碳的生活方式，反对奢侈浪费和不合理消费，开展创建节约型机关、绿色家庭、绿色学校、绿色社区和绿色出行等行动"[④]。可见，消费问题绝非可忽略的小事，它不仅关系着大学生个人的成长，也关系着家庭的和谐幸福，对经济社会发展具有举足轻重的作用。

2021 年 10 月 23 日，十三届全国人大常委会第三十一次会议表

---

① 许慧，鲁艳清. 大学生财商教育的着力点——基于武汉市大学生理财现状的问卷调查 [J]. 人民论坛，2020（9）：118－119.

② 习近平. 谈治国理政（第一卷）[M]. 北京：外文出版社，2014：363.

③ 习近平. 在新华社〈网民呼吁遏制餐饮环节"舌尖上的浪费"〉的材料上作出批示 [EB/OL]. [2013－1－28]. http://www.xinhuanet.com/politics/2013/c_124290828.html.

④ 习近平. 决胜全面建成小康社会 夺取新时代中国特色社会主义伟大胜利 [N]. 人民日报，2017－10－18.

决通过了《家庭教育促进法》，习近平主席签署中华人民共和国主席令第九十八号，公布《中华人民共和国家庭教育促进法》，自2022年1月1日起施行。《家庭教育促进法》是为了发扬中华民族重视家庭教育的优良传统，引导全社会注重家庭、家教和家风，增进家庭幸福与社会和谐，培养德智体美劳全面发展的社会主义建设者和接班人而制定的法律。家庭在大学生成长中扮演着重要的角色，发挥着重要的作用。家庭是大学生成长的首要环境，对他们的影响往往伴随其一生。大学生虽已成人，但他们往往还没有独立的经济来源，还是纯粹的消费者，他们的日常花销大多来自家庭的供给。因而，从某种角度来说，大学生是特殊消费者，因为没有稳定收入，学费和生活花销主要靠家庭供给，家庭因素势必会对大学生消费行为产生重要影响。有调查显示，父母的财经行为对子女的财经素养具有重要影响，父母的财经教育水平与子女的财经素养具有密切的关系。[①]可见，家庭收入和家长对子女的理财教育都可能影响到大学生的消费观念和消费行为。那么，大学生在校园中出现的不良消费行为，与其家庭教育尤其是家庭理财教育是否显著相关？家庭理财教育通过什么样的机制影响大学生的消费行为？这些成为值得关注的重要问题。当前，尽管有不少研究已开始关注家庭理财教育方式对大学生消费行为的影响，然而，专门针对大学生求实性消费、冲动性消费、攀比性消费和超前性消费，探讨它们与家庭理财教育的关系，进而探究家庭理财教育对这些消费行为影响机制的研究还较为欠缺。

[①]　徐玖平，牛永革，李小平. 中国大学生财经素养状况蓝皮书［M］. 北京：经济管理出版社，2021.

1.1.2 研究意义

1.1.2.1 有利于深入探究大学生消费问题，引导大学生科学合理消费

当前，大学生消费中出现的盲目消费、攀比消费、冲动消费等不良行为，往往被认为与不良的社会环境、滞后的学校消费教育有关，而很少探究大学生的家庭理财教育方式这一重要因素。我们认为，探究家庭理财教育方式对大学生消费行为的影响，能够更好地发现大学生消费问题的又一重要根源。一个人的行为特征往往与其童年形成的理念、价值、态度具有密切的关系。同样，大学生的消费行为特点也与其成长的家庭环境，尤其是家庭的教育方式具有紧密的关联。家长能否对子女开展科学的理财教育，对于子女的金钱观和消费观会产生深刻的影响。当家长善于开展科学的理财教育时，子女往往更容易形成正确的金钱观和消费观，他们就能够合理地看待金钱，消费行为也会更加科学和理性。反之，若子女在不良的家庭理财教育环境下长大，父母花天酒地、挥金如土，就可能使孩子养成大手大脚花钱的习惯，父母谈钱色变，就可能使子女产生金钱焦虑的心理，这些都可能导致子女不良消费行为的出现。因而，基于家庭理财教育的视角，能够有效抓住大学生不良消费问题产生的重要根源；针对家庭理财教育的短板，对大学生开展消费教育与引导，能够更加科学有效地解决当代大学生群体中存在的不良消费问题。

1.1.2.2 有利于建立良好的社会消费风尚，营造幸福和谐家庭

大学生是青年中的佼佼者，是时代先锋，他们的消费行为反映

了当代青年的精神风貌，对社会消费有一定示范作用。因此，培养大学生的科学合理的消费行为，有利于塑造良好的社会风尚和健康的消费潮流。家庭是构成社会的基本单位，和谐社会由无数和谐家庭组成。研究家庭理财教育方式与大学生消费行为的关系，有利于帮助家庭掌握科学的理财教育方式，教育子女合理支配金钱，帮助子女克服不良消费问题，减轻家庭经济负担，营造幸福和谐的家庭，为和谐社会的构建奠定重要基础。大学生是家庭的希望和未来，他们在大学的消费行为，势必会影响到他们的生活和学业。一个具有良好消费习惯和科学消费行为的大学生，会更加阳光和健康，他们生活中的幸福感和学习中的获得感就会更多，给家庭带来的收获感和荣耀感也更大，家庭也就更加幸福和谐。反之，若大学生陷入不良消费的漩涡，心中的愧疚感和焦虑感势必会影响到他们的生活和学业，也会影响到他们的正常择业和发展进步，这种不良的状态会传导到家庭，使家庭成员产生无形的焦虑和烦恼，增加他们的忧虑和担心，进而影响家庭的幸福与和谐。

1.1.2.3　有利于优化大学生金钱观和消费观，培养堪当大任的时代新人

大学生的金钱观和消费观是价值观教育的重要内容，对于大学生科学世界观、人生观、价值观的养成至关重要。然而，当前我国高校专门针对大学生消费行为开展的金钱观和消费观的教育还较为缺乏。尽管思政课中有价值观培育的内容，然而，专门针对大学生的消费行为，向大学生讲解应该培养什么样的金钱观和消费观，怎样培养金钱观和消费观的课程还不多见。有部分课程可能涉及金钱和消费的专业内容，然而，从价值观的高度，实现大学生金钱观和消费观的思想引领的课程还较为欠缺。大学生科学金钱观的缺位，会导致他们或者挥金如土，或者金钱至上，或者金钱焦虑，对其理

想信念和道德观念的形成产生不良影响。大学生科学消费观的缺位，会直接导致他们产生难以自已的冲动性消费、碍于面子的攀比性消费、寅吃卯粮的超前性消费。而这些不仅会影响到他们的生活和学业，也会影响到他们科学世界观、人生观、价值观的养成，更会影响到他们的健康成长和发展进步。新时代的大学生只有形成了科学的金钱观和合理的消费观，才能真正树立正确的世界观、人生观、价值观，才能以积极向上的精神状态，科学应对大学生活中的各种困惑，以求实的精神完成学业，以执着的意志追求梦想，才能真正成为堪当民族复兴大任的时代新人。

1.2　研究综述

1.2.1　家庭理财教育研究综述

1.2.1.1　家庭理财教育方式的界定

家庭理财教育方式的界定涉及理财教育和家庭教育方式两个概念。

就理财教育而言，理财教育的概念由美国学者安德森（Anderson）在 1982 年首次提出，他认为理财教育就是能够让人们学会如何设立理财目标、认识个人收入基础、制定详尽的达到目标的理财计划、应用理财计划、调整理财计划、评价理财目标和理财过程的一系列环节。20 世纪 80 年代初，美国学者罗伯特·清崎（Robert Kiyosaki）提出了财商的概念。他认为，财商是一个人在财务方面的智力，是理财的智慧，其主要包括两方面的能力：（1）正确认识金钱及其规律的能力；（2）正确使用金钱的能力。财商概念的提出促进了理财教育的进一步深化，也为理财教育的发展提供了理论基础。① 理财教育作为一种调整财务状况的技能，使人们对自己的财务结构进行合理的调整，并通过这种教育方式，对财务情况进行分析和处理，通过这些判断、分析和研究，制定一个科学的理财计划，从而更有效地应对生活中各种与财务相关的事情。国内学者对于理财教育的界定主要包括三个方面：一是结合时代特征阐释理财教育。该观点认为，理财教育应与时代背景相结合，赋予理财教育时代特征，综合中小学生对金钱观念在不同阶段呈现特点的差异性，引导他们树立正确的金钱观念和理财意识，从不同的程度和角度出发，细化到理财的每个环节，指导他们进行合理的消费规划，引导他们如何正确投资。该观点强调理财教育的目的在于培养学生自主独立、富有社会责任感，帮助他们树立积极心态，适应全球化经济社会快速发展。比如，周颖华认为，理财教育是根据青少年金钱意识的发展水平和不同的年龄特点，进行以消费、理财、投资为核心的有针对性的经济教育，从而使青少年树立正确的金钱观、消费观、价值观，掌握基本的理财技能；同时在经济教育的过程中，树立青少年自尊、自立和责任感及诚信观念，促进其个性能力的全面发展。② 二是结合能力提升阐释理财教育。该观点强调理财教育应深化对金钱概念的认知，明晰金钱的获得渠道，提升金钱获取能力、金钱支配能力、金钱增值能力。乔晓丽认为，理财教育主要是培养学生正确的金钱观、财富观、消费观，传授学生合法获得金钱、合理利用金钱、科学支配金钱，在经济活动中维护自身合法权益、创造财富等基本常识，并在实践中培养其良好的行为习惯和理

① 陈玲芬. 中国理财教育现状、问题和对策 [J]. 河北师范大学学报（教育科学版），2011（2）：16 - 19.

② 周颖华. 倡导理财教育 提高学生经济素质 [J]. 现代教育科学，2003（3）：37 - 38.

财能力的教育。[①] 三是结合成长阶段阐释理财教育。该观点强调理财教育要从小抓起，渗透到生活的各个领域和阶段。王卫东和信力建指出，社会发展的需要和特征是理财教育的基础性依据，以中小学生的阶段性观念和思想认识程度为基础，根据不同阶段的特点，学校要进行正确的引导和培养，理解理财的重要性及对生活发挥的重要作用，从而适应时代发展的要求，提高自身素质和观念，树立正确的价值观，为社会的进步贡献一份力量。[②]

就家庭教育方式而言，国内外许多研究者进行了探讨。美国心理学家鲍姆林德（D. Baumrind）按照对子女的控制、亲子沟通、成熟要求、关怀与支持四个维度的特点，将父母教养行为风格划分为专制型、放任型与权威型三种类型。麦考贝和玛丁（Maccoby & Martin）在此基础上，把放任型父母教养方式按要求和反应两个维度分为沉溺型和忽视型。沉溺型的父母对子女有较多温情和接受，经常对子女让步，较少利用权威控制子女，对子女的成熟行为要求较少，主张让子女自我管理。忽视型的父母对子女的要求和反应较少，他们既不指导子女的行为，也不支持子女的兴趣，忽略作父母的责任。后来，鲍姆林德（D. Baumrind）将父母教养方式概括为7类：期望型、民主型、非指导型、专制—指导型、非专制—指导型、投入型和一般型。

我国的一些研究者结合本国国情，划分出适合我国文化特点的父母教养类型。比如，刘金花将家庭教养方式分为拒绝型、溺爱型、严厉型、分歧型、期待型、矛盾型。[③] 陶沙等将父母教养方式

---

① 乔晓丽. 当代中小学校的理财教育探析 [D]. 曲阜师范大学，2007.

② 王卫东，信力建. 中小学理财教育的认识与探索 [J]. 教育研究，2003（7）：91 - 95.

③ 刘金花. 家庭研究新观点评述 [J]. 心理科学，1996（9）：58 - 62.

分为专制、溺爱、忽视、惩罚、民主等类型。① 同时，有研究者从类型研究的角度对父母教养行为风格进行了有价值的探讨。② 方晓义、郑宇对初中生父母教养方式的研究发现，积极型、放任型、矛盾型与平均型四种父母抚养方式中，积极型的父母抚养方式所占比例最高。③ 关颖、刘春芬从不同角度对家庭教育方式进行了分类，从亲子关系的角度分为专制的、放任的与民主的三类，从子女与环境的角度分为开放的和封闭的两类，从父母与子女情感的角度分为溺爱和冷漠两类，从父母态度的角度分为矛盾的和一致的两类。④

1.2.1.2　家庭理财教育内容的研究

国外的理财教育主要涉及三个层次的内容：（1）金钱观的教育，包括引导孩子接触金钱，认识金钱，了解金钱从哪里来，懂得钱的用途和局限，并掌握一些初步的消费常识。（2）理财知识的传授，包括经济、金融、消费等方面的知识和个人、家庭理财常识。（3）理财技能的提升，包括钱币识别能力，合理使用金钱能力，赚钱、储蓄能力以及基本投资技能教育等。以上方面的教育，同时还可以提高孩子表达、谈判及思维等方面的综合能力。⑤ 杨黎具体概括了美国家庭的理财教育内容：（1）观念上重视对子女的理财教育，美国父母把理财教育称为"从 3 岁开始实现的幸福人生计划"。

---

① 陶沙，王耘，王雁苹，董奇. 3—6 岁儿童母亲教养行为的结构及其与儿童特征的关系［J］. 心理发展与教育，1998（3）：50 – 53.

② 万云英，李涛. 优差生学习行为模式与家庭教育方式的关系［J］. 心理发展与教育，1993（3）.

③ 方晓义，郑宇. 初中生父母抚养方式的研究［J］. 心理发展与教育，1998（4）：32 – 36.

④ 关颖，刘春芬. 父母教养方式与儿童社会性发展［J］. 心理发展与教育，1994（4）：36 – 40.

⑤ 郭清娟. 国外理财教育对我国的启示［J］. 教学与管理，2008（32）：62 – 64.

（2）培养子女的理财意识。美国父母鼓励子女参加兼职赚钱养活自己，使子女体会到即使家庭条件优越，也应该有理财意识。（3）培养子女理财的技能。让子女学会赚钱、花钱、存钱、与人分享钱财。父母鼓励子女从小就工作挣钱，教导孩子通过正当手段赚取金钱。[①]

周颖华认为，我国的中小学生进行理财教育，应针对我国文化传统和社会、学校、家庭的实际情况，探讨中小学生金钱意识的发展水平，及时引导、及时调控，并根据不同学生的年龄特点按不同的阶段，由浅入深地确定不同的教育内容和目标。具体包括以下三方面：（1）理财价值观的教育，涉及对金钱、人生意义的理解和价值认同。（2）理财基本知识的传授，包括经济金融常识及个人理财技能和方式。（3）理财基本技能的培养，包括理财情景教育、实际操作训练和理财氛围的营造等。[②] 宋剑锋指出，家庭理财教育应包括：（1）树立正确的金钱观念，培养子女健康的理财观。教育子女以平和、朴实的眼光看待金钱，不让情绪影响支出，不因金钱挫伤感情，使子女形成健康的理财观，受益终身。（2）培养子女的理财技能，学会合理消费。让子女自己支配手中的零用钱，教他们管好钱，通过零用钱保管、运用的切身实践，培养子女基本的金融知识和技能。教育子女懂得一定的商品知识和购物常识，知道如何挑选、购买、算账、付款、找零。教育子女懂得一定的经济核算知识，使子女养成有计划开支、节约费用、合理消费的好习惯。积极鼓励子女参与家庭经济决策和管理，使子女明白家中每月的收支状况，使其树立起自己是家中一员的观念。（3）树立资本意识，学会投资。使子女能够学会钱生钱，从根本上改变财务状况，从而改变

---

① 杨黎. 欧美国家的儿童理财教育 [J]. 西部财会, 2005 (11).

② 周颖华. 倡导理财教育 提高学生经济素质 [J]. 当代教育科学, 2003 (18): 37–38.

一生的生活质量。① 叶升提出，理财教育的内容和方法包括：（1）让子女学会记账。让子女掌握储蓄、保险方式，熟悉银行、保险公司，了解钱财保管方式、保险方式。（2）让子女了解挣钱的方法。带子女到工作场合看一看，让子女知道挣钱的艰辛。（3）让子女学会筹划。家中有重大事情，请子女一同承办。（4）让子女学会打零工。通过亲身劳动，让子女体悟到养家的劳累，明白获得金钱的途径是付出相应的劳动。（5）让子女学会做预算。让子女养成在单位时间做一份预算表的习惯，有利于规范子女用钱的方向及适度使用。②

1.2.1.3 家庭理财教育方式的影响因素研究

家长自身因素会对家庭理财教育方式产生重要影响。一是家长理财教育上的错误观念可能影响其理财教育方式。洪明指出，家长在家庭教育中存在的不良消费观和应试教育倾向可能会异化家庭理财教育。家长往往以劳动回报、学业进步等给予子女以金钱激励，此类"劳动付酬""学习付酬"的观念可能会对子女的行为动机产生负面影响，使得家长的理财教育失去其应有的成效。③ 二是家长的金钱态度影响其理财教育方式。安石英等认为，家长将金钱看得过重，认为有了金钱就有一切，这种金钱态度容易导致放纵型的理财教育方式，表现为家长对子女获取金钱不当方式的漠视和纵容。④ 三是家长的价值观也是影响家庭理财教育方式的重要因素。有研究

---

① 宋剑锋. 对学生进行理财教育家庭是关键［J］. 现代教育科学，2003（3）.
② 叶升. 理财教育的调查与思考［J］. 班主任之友，2003（5）：44－46.
③ 洪明. 我国城市家庭理财教育问题及其对策——基于 10 城市的调研［J］. 山东省团校学报，2010（5）：17－20.
④ 安石英，钟铧，徐立明，等. 关于家庭理财教育的两点思考［J］. 文教资料，2006（27）：32－33.

指出，家长自身的价值观会影响到家庭的理财教育方式。家长赋予钱财"不义"的意义，避免在子女面前谈及钱财，就可能产生忽视型的理财教育方式。①

　　家庭特征也可能影响家庭理财教育方式。一方面是子女因素可能影响家庭理财教育方式，家长对不同性别的子女所进行的理财教育方式侧重点有所不同，家长对男性子女的理财教育的方式要更加积极和严格一些。独生子女家长比非独生子女家长更多采取溺爱放纵的理财教育方式。另一方面是家长特征对家庭理财教育方式的影响。60 岁以上家长的焦虑牢骚型教育方式较多。高学历家长教育引导方式较多，同时溺爱放纵和干预控制教育方式也较多。②

1.2.2　消费行为研究综述

1.2.2.1　消费的内涵

　　马克思主义认为，消费是生产过程的重要环节之一，整个生产环节包括生产、分配、交换、消费四个环节。消费是整个生产的重要目的和归宿，是人类社会的一个永恒主题。广义而言，消费又有生产消费和个人消费之分，生产消费是指通过消耗生产资料而生产出新产品的过程，是维持生产过程持续进行的基本条件。个人消费是指人们为满足自身需要而对各种物质生活资料和精神产品的消耗，它是维持人们生存和发展、进行劳动力再生产的必要条件。狭义而言，我们通常所谈论的消费，主要是个人消费，个人消费的对

---

　　①　陈清晓荷、李萌茜. 幼儿家庭财经素养教育的问题及对策探析 [J]. 教育观察，2020 (32)：120 - 121.

　　②　石庆新. 家庭理财教育对大学生消费行为的影响研究 [D]. 西南大学，2008.

象不仅指物质资料的消费，也包括精神产品的消费。随着物质产品的极大丰富，消费不再是简单地满足温饱的需要，它还承载了物质之外的涵盖品牌、个性、身份等精神符号的意义。因而，消费不仅具有满足温饱的自然属性，也具有满足精神需求的社会属性。步入新时代，党高度重视消费在满足人民对于美好生活需要中的重要作用，强调消费要满足广大民众物质和精神需要，促进人的全面发展。国家高度重视和支持网购发展，倡导绿色消费，升级旅游休闲消费，提升教育文体消费；提出要瞄准群众多样化需求，改革创新、调动市场力量增加供给，促进消费扩大和升级，带动新产业、新业态发展。[①]

1.2.2.2　消费行为的界定

关于消费行为的界定，学界主要从以下几个方面概括："刺激—反应论"认为，消费是消费者接受外部环境刺激的一种反应。比如，苏东水认为，"消费者行为是人类行为的一环，是商品刺激和顾客反应的结果"[②]。"需求—满足论"认为，消费是满足自身需求和欲望的活动和行为。比如，林建煌把消费行为视作消费者的相关活动，即"消费者为了满足其需求和欲望而进行产品与服务的选择、购买、使用与处置，因而所发生的心里、情绪上以及实体上的活动"[③]。马义爽等将消费行为界定为，消费者为满足某种需要而在购买动机的驱使下，以货币换取商品的行动。[④] "决策过程论"把消费行为定义为消费者购买、消费和处置的决策过程。"体验论"认为，消费行为是消费者的体验过程，消费者在体验中购买、在体

---

① 杨圣明．马克思主义消费理论的中国化问题研究［J］．消费经济，2017（2）：3 - 7.

② 苏东水．管理心理学［M］．上海：复旦大学出版社，2002.

③ 林建煌．消费者行为［M］．台北：智胜文化事业有限公司，2002.

④ 马义爽，王春利．消费心理学［M］．北京：首都经贸大学出版社，2003.

验中消费、在体验中处置。"平衡协调论"则认为，消费行为是消费者与营销者之间的交换互动行为。[①] 综上所述，我们将消费行为界定为：消费者为满足某种需要而在购买动机的驱使下产生的一种购买行为。

1.2.2.3 消费行为的类型

我国一些研究者将大学生消费行为作了不同的划分。宋思根和冯林燕研究了国内大学生的消费决策形态及其消费价值观的多维性，认为国内大学生消费类型可划分为：经济实惠型、粗心冲动型和信息利用型。[②] 张志祥将大学生消费行为归纳为6类：（1）早熟型消费，消费水平和质量超过了经济发展的实际水平；（2）炫耀型消费，把高消费当作现实社会优越感和虚荣心理的手段；（3）畸形消费，消费内容过多过快，向高档型消费倾斜；（4）豪华型消费，追求不切实际的奢侈气派；（5）悬空型消费，追求一种脱离经济社会发展及个人消费承受能力的消费；（6）情绪型消费，把对消费占有、享乐作为弥补精神空虚的手段。[③] 施应玲将大学生的消费行为分为两类：经济型消费和理智型消费。前者从经济角度出发，选择既有所需效用，又价格便宜的商品；后者较少受产品广告宣传和折价处理等促销形式的影响，往往根据自己的知识和能力，通过阅读产品说明及识别品牌来了解产品的性能和质量。[④]

---

① 陆剑青. 消费行为学［M］. 北京：清华大学出版社，2015.
② 宋思根，冯林燕. 青年消费者决策型态研究——兼谈中外大学生消费决策行为的差异［J］. 广东商学院学报，2008（5）：92-97.
③ 张志祥. 当代大学生消费的特征及趋势［J］. 中国青年研究，2002（5）：13-16.
④ 施应玲. 大学生消费心理和消费行为调查及分析［J］. 华北电力大学学报（社科版），1998（4）：48-50.

1.2.2.4 大学生消费行为的相关研究

（1）个体内部因素与大学生消费行为的研究。任何消费行为的产生都与个体的内部因素密切相关。首先，消费价值观与大学生消费行为具有密切关系。物质主义对冲动性购买行为具有显著的正向预测作用。谢晓东等认为，高物质主义的大学生往往通过购买的商品或服务的数量多少和质量优劣评价个体是否成功，从而导致冲动性购买行为。① 其次，金钱态度与冲动性购买行为关系密切。有研究显示，对于冲动性购买者而言，购买和社会地位联系紧密，他们普遍认为购买越多象征着社会地位越高、越成功。② 对于高金钱态度者而言，他们普遍认为金钱象征着成功，在现实生活中往往表现出高消费行为和大量的购买行为。研究证实，金钱态度与冲动性购买行为呈显著正相关，高金钱态度者较易出现冲动性购买行为③，金钱态度是影响冲动性购买行为的主要因素④。最后，情绪和某些心理因素也是影响大学生消费行为的重要因素。感知价值、积极情绪显著正向影响消费者的冲动购买意愿。⑤ 消费者的性别属性对其网上冲动性购买行为存在影响差异，且女性消费者比男性更易发生

---

① 谢晓东，喻承甫，张卫. 大学生物质主义与冲动性购买行为：金钱态度的中介作用［J］. 应用心理学，2017（1）：40-48.

② D'Astous, A. , Maltais, J. , & Roberge, C. Compulsive buying tendencies of adolescent consumers［J］. Advances in Consumer Research，1990，17（1）：306-312.

③ 牛琛，刘金平. 冲动特性与金钱态度对冲动性购买行为的影响［J］. 心理研究，2015（4）：57-62.

④ 谢晓东，喻承甫，张卫. 大学生物质主义与冲动性购买行为：金钱态度的中介作用［J］. 应用心理学，2017（1）：40-48.

⑤ 王成慧，范军. 宋艳静. 电商购物节对消费者冲动性购买行为的影响分析［J］. 价格理论与实践，2018（7）：127-130.

网络冲动性购买行为。[①] 吴茜等认为，寻找补偿和驱赶孤独的心理因素导致了大学生不良行为的出现。[②] 闫缨将大学生的消费心理概括为趋同心理，即大学生生活的社会化，使得他们的消费心理在社会环境和社会群体的影响和压力下产生着相互影响，并呈现趋同现象。在趋同心理影响下的消费行为，带来的问题是大学生的消费除满足自身的基本需求外，有的大学生忽视经济能力，在超出基本需要的前提下进行消费，造成不必要的浪费。[③]

（2）外部因素与大学生消费行为研究。社会因素与大学生消费行为研究。李雪欣等认为，价格促销、背景音乐、商品类别、时间限制等是冲动性消费行为的重要影响因素，并指出价格促销会显著正向直接或间接影响顾客的冲动性购买；交易效用在价格促销与顾客冲动性购买之间产生部分中介作用；同伴购买建议倾向在价格促销对交易效用的影响中、交易效用对顾客冲动性购买的影响中及价格促销对顾客冲动性购买的影响中均起到调节作用。[④] 朱翊敏认为，结伴购物对冲动性购买行为具有显著的影响。[⑤] 张鹏等认为，网络社群互动、信任、认同对消费者的冲动性购买产生显著影响。[⑥] 社会不良消费使得大学生人生观和价值观发生了偏离，媒体宣传左右

① 何建华. 消费者在线冲动性购买行为影响因素分析 [J]. 消费经济，2013 (6)：46 – 50.

② 吴茜，刘薰词. 大学生消费行为问题及其对策 [J]. 邵阳学院学报，2006 (6)：49 – 50.

③ 闫樱. 当代大学生消费观研究述评 [J]. 北京青年政治学院，2004 (12)：29 – 32.

④ 李雪欣，郁云宝，刘真真. 价格促销与顾客冲动性购买的关系研究 [J]. 东北大学学报（社会科学版），2018 (2)：140 – 146.

⑤ 朱翊敏. 结伴购物对冲动性购买行为的影响研究——以大学生群体为例 [J]. 消费经济，2011 (4)：57 – 60.

⑥ 张鹏，谢毛迪，赵动员，等. 网络社群对消费者冲动性购买的影响因素：模型及实证分析 [J]. 商业经济研究，2019 (4)：66 – 69.

着大学生的消费倾向和消费选择。① 王丽等认为，经济的迅速发展、消费选择的多样化、市场的自发性会导致大学生消费行为非理性因素的增多。②

家校因素与大学生消费行为研究。学校因素方面，有研究者认为，高校消费教育薄弱对大学生不良消费行为缺少有效的应对措施。高校管理制度滞后是影响大学生消费行为的重要原因，尤其是高校对校园周边环境的治理不够也是大学生不良消费的催化剂。③高校的消费观教育忽视也是大学生畸形消费产生的重要原因，我国高校的思想政治教育对学生的理财、消费教育还没有引起足够重视，对大学生正确的消费心理和消费行为引导不够，对一些学生特别是贫困生，高校还只是停留在帮助他们解决实际生活困难上，而对畸形消费背后的深层次原因——消费价值观的教育还不够重视。④ 家庭因素方面，家长职业及教育方式对中学生冲动性购买倾向具有显著影响。吴鲁平指出，父亲职业对中学生的冲动性购买倾向有显著影响，父亲职业为专业技术人员的学生，冲动性购买倾向得分最低，明显低于父亲职业为企业高层管理人员的学生和父亲职业为国家与社会管理者的学生，更低于父亲职业为私营企业主的学生；母亲职业对中学生的冲动性购买倾向有显著影响，母亲职业为农民或渔民的学生，冲动性购买倾向得分最低，明显低于母亲职业为企业高层管理人员的学生和商业服务业人员的学生，更低于母亲职业为

①③ 吴茜，刘薰词. 大学生消费行为问题及其对策 [J]. 邵阳学院学报（社会科学版），2006（6）.

② 王丽，吴姝. 当代大学生消费行为研究 [J]. 学校党建与思想教育，2005（3）：79-80.

④ 李海波，刘佩瑶. 当代大学生畸形消费行为及规制 [J]. 学术论坛，2019（4）：131-136.

私营企业主的学生。① 家庭溺爱在客观上助长了部分大学生非理性的消费行为，家长对子女的理财教育影响子女的消费观念。② 同时，家庭的经济条件和父母的消费观念直接影响子女的消费，父母的消费理念、行为习惯对子女有深远影响，如父母追求时尚、品牌，其子女也多会倾向于品牌消费。③ 赵剑辉认为，家庭消费特色、消费习惯和消费观念会在日常消费行为中由上一辈潜移默化地传给子女。除家庭的消费习惯和观念之外，家庭对大学生经济的供给也是影响消费行为的重要方面。大学生的消费要求在家长那里得以无条件满足，是造成学生不健康消费的重要原因。④

1.2.3　家庭理财教育影响大学生消费行为研究综述

1.2.3.1　家庭理财教育与大学生消费的关系研究

家庭理财教育与大学生的消费观和消费决策风格关系密切。张俊、邹泓认为，消费价值观中时尚消费与教育引导负相关，与溺爱放纵、焦虑牢骚正相关；节俭消费与干预控制、教育引导正相关，与溺爱放纵、焦虑牢骚负相关；攀比消费与溺爱放纵、焦虑牢骚正相关。其中，时尚消费和攀比消费与溺爱放纵相关较高。⑤ 刘映海、丹豫晋研究家庭理财教育方式与青少年体育消费决策的关系，结果

---

① 吴鲁平. 中学生冲动性购买倾向研究——对北京、郑州1156名中学生的调查分析［J］. 中国青年研究，2010（2）：16 – 19.

② 吴茜，刘薰词. 大学生消费行为问题及其对策［J］. 邵阳学院学报（社会科学版），2001，5（1）.

③ 王丽，吴姝. 当代大学生消费行为研究［J］. 学校党建与思想教育，2005（3）：79 – 80.

④ 赵剑辉. 引导大学生健康消费的对策研究［D］. 东北师范大学，2006.

⑤ 张俊，邹泓. 中学生消费价值观在家庭理财教育方式与消费决策风格之间的中介作用［J］. 心理科学，2012，35（2）：376 – 383.

显示，溺爱放纵、焦虑牢骚型的家庭理财教育方式与青少年非理性体育消费存在较高相关，家庭教育引导、干预控制对非理性体育消费决策方式的相关很低。① 金雪莲、史新新研究家庭理财教育方式对大学生消费决策风格影响，结果显示，教育引导型理财教育方式与品牌导向、价格导向、冲动导向、忠诚导向性的决策风格密切相关，溺爱放纵型理财教育方式与娱乐导向、品牌导向、冲动导向、忠诚导向、价格导向、品质导向性的决策风格密切相关，干预控制型理财教育方式与价格导向性决策风格密切相关，焦虑牢骚型理财教育方式与娱乐导向、品牌导向、困惑导向、冲动导向、价格导向性的决策风格密切相关。② 张俊、邹泓指出，家庭理财教育方式与消费决策风格密切相关，理财教育方式中干预控制与非理性导向、价格导向正相关，与享乐导向负相关；教育引导与非理性导向负相关；溺爱放纵与享乐导向、质量导向正相关，与价格导向负相关；焦虑牢骚与非理性导向、价格导向正相关，与质量导向负相关。其中，溺爱放纵与享乐导向相关较高。理财教育方式对消费决策风格具有显著预测作用，解释率在 7.4% ~ 25.1% 之间。干预控制可正向预测非理性导向；教育引导可正向预测质量导向，负向预测非理性导向；溺爱放纵可正向预测非理性导向、享乐导向和质量导向，负向预测价格导向；焦虑牢骚可正向预测非理性导向和价格导向，负向预测质量导向。③

① 刘映海，丹豫晋. 青少年体育消费决策方式的结构、类型及其与家庭理财教育的关系 [J]. 体育与科学，2016（3）：105 – 113.

② 金雪莲，史新新. 家庭理财教育方式对大学生消费决策风格影响 [J]. 现代商贸工业，2013（23）：26 – 27.

③ 张俊，邹泓. 中学生消费价值观在家庭理财教育方式与消费决策风格之间的中介作用 [J]. 心理科学，2012，35（2）：376 – 383.

1.2.3.2 家庭理财教育影响大学生消费行为的机制研究

大学生消费价值观在家庭理财教育方式与消费决策风格之间起中介作用。父母积极的教育方式可通过树立合理的消费价值观来促进大学生形成理性的决策风格；父母消极的教育方式一方面通过树立不合理的消费价值观助长大学生非理性的决策风格，另一方面通过弱化合理的消费价值观来阻碍其形成合理的决策风格。消费价值观各维度在父母的干预控制、教育引导与非理性导向之间的中介作用不显著；时尚消费和攀比消费在溺爱放纵与非理性导向之间起完全中介作用，在焦虑牢骚与非理性导向之间起部分中介作用。时尚消费在溺爱放纵与享乐导向之间起部分中介作用；在焦虑牢骚与享乐导向之间起完全中介作用。节俭消费在教育引导与质量导向之间起完全中介作用；时尚消费在溺爱放纵、焦虑牢骚与质量导向之间起部分中介作用；节俭消费在溺爱放纵、焦虑牢骚与质量导向之间起部分中介作用。节俭消费在教育引导、溺爱放纵与价格导向之间起完全中介作用，在焦虑牢骚与价格导向之间起部分中介作用。[①]

家庭教育素养在家庭教养方式对大学生行为影响中发挥调节作用。以家庭教育观念、家庭教育知识、家庭教育能力为表征的家长教育素养可以调节家庭教养方式对大学生行为的影响，且对于忽视型教养方式的调节效果更显著。一方面，家长的教育观念越科学、教育知识越丰富、教育能力越强，家长越倾向于采取权威型教养方式，而较少出现对子女"放养不管"的教养方式。另一方面，当家长教育素养较高时，即使因为某些原因忽视了对子女的教养，也能在与子女相处的过程中，为子女树立良好的榜样，并将自身的观

---

① 张俊，邹泓. 中学生消费价值观在家庭理财教育方式与消费决策风格之间的中介作用 [J]. 心理科学，2012，35（2）：376-383.

念、知识潜移默化地传递给子女,从而降低忽视型教养方式下子女出现问题行为的概率。[①] 家庭理财教育的思想观念、方式方法可以通过子女财富状况(包括个人财富数量、来源、管理方式、消费观念等)大致反映出来。[②]

1.3 研究目的和研究假设

1.3.1 研究目的

(1)编制家庭理财教育方式和大学生消费行为调查问卷,评估家庭理财教育方式和大学生消费行为的现状和特征。

(2)考察家庭理财教育方式对大学生求实性消费行为的影响。

(3)考察家庭理财教育方式对大学生攀比性消费行为的影响。

(4)考察家庭理财教育方式对大学生超前性消费行为的影响。

(5)考察家庭理财教育方式对大学生冲动性消费行为的影响。

(6)基于家庭理财教育视角提出新时代大学生不良消费行为的引导策略。

1.3.2 研究假设

(1)家庭理财教育方式在家长受教育程度、家庭经济状况、家长年龄等方面存在显著差异。

---

① 向蓉,雷万鹏. 家庭教养方式如何影响儿童问题行为? [J]. 教育与经济,2021 (5),49-57.

② 洪明. 我国城市家庭理财教育问题及其对策——基于 10 城市的调研 [J]. 山东省团校学报,2010 (5):17-20.

（2）大学生的消费行为在性别、年级、地域、独生/非独生、家庭经济状况等方面存在显著差异。

（3）家庭理财教育对大学生求实性消费影响的主效应显著，在家庭理财教育对大学生求实性消费的影响中存在有调节的中介效应。

（4）家庭理财教育对大学生攀比性消费影响的主效应显著，金钱态度在家庭理财教育对大学生攀比性消费的影响中具有中介作用。

（5）家庭理财教育对大学生超前性消费影响的主效应显著，金钱态度在家庭理财教育对大学生超前性消费的影响中具有中介作用。

（6）家庭理财教育对大学生冲动性消费影响的主效应显著，在家庭理财教育对大学生冲动性消费的影响中存在有调节的中介效应。

1.3.3　研究流程和研究方法

1.3.3.1　研究流程

本书遵循"问卷编制—现状呈现—关系分析—机制探究—策略应对"的技术路线展开研究（见图 1 - 1）。研究的基本思路如下：首先，文献梳理和确立主题。深入系统梳理大学生消费行为的研究成果，基于家庭理财教育的视角深入探析大学生消费行为的现状、起因和形成机制。其次，问卷编制和现状呈现。编制家庭理财教育和大学生消费行为的调查问卷，通过问卷调查，深入了解家庭理财教育和大学生消费行为的现状和特征。再次，影响机制探析。在分析家庭理财教育和大学生消费行为现状的基础上，基于家庭理财教育的视角，深入探析家庭理财教育对大学生求实性消费、攀比性消费、超前性消费、冲动性消费的影响机制。最后，引导策略研究。根据大学生不同消费行为的现状特征及其影响机制，基于家庭理财教育的视角，提出新时代大学生消费行为的引导策略。

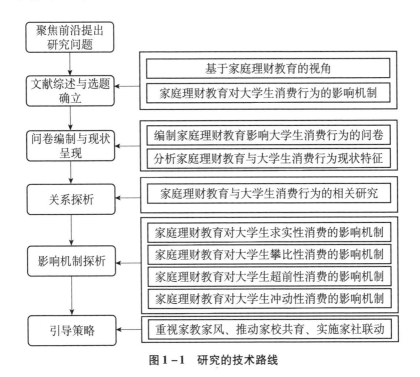

图 1－1　研究的技术路线

1.3.3.2　研究方法

（1）文献法。通过文献法广泛、全面搜集分析有关理论和资料，为本书的研究提供坚实的文献基础。在对国内外相关文献进行系统查阅的基础上，本书梳理总结了家庭理财教育、求实性消费、攀比性消费、超前性消费、冲动性消费的主要理论成果，评述现有研究的参考价值和不足之处，论证本书各研究变量之间的关系，并据此形成本书的基本框架。

（2）问卷调查法。问卷调查法是指通过对调查对象发放问卷、组织访谈、个案研究等方法，对搜集到的大量信息进行分析、综合、归纳，从而得出相关研究结论。本书根据研究综述和访谈结果，确定家庭理财教育方式和大学生消费行为的维度，据此设计调查问卷。采用整群分层抽样的方式开展问卷调查，在问卷调查的同时，对30名大学生进行深入访谈。通过问卷调查和个体访谈，深入了解家庭理财教育和大学生消费行为的现状与存在的问题。

（3）跨学科分析法。跨学科分析法是指通过对各个学科的相互借鉴与渗透，为达到知识与技术的应用与创新，实现对问题的整合性研究。任何知识体系都不是孤立存在的，总是和其他学科相互联系与交织的，因而对其进行研究时要借鉴与吸收其他学科的研究成果。对大学生消费行为进行研究，不但需要消费行为理论作为理论基础，同时还要借鉴吸收心理学、教育学、社会学等学科的理论成果和研究方法。在整合多学科理论和方法的基础上，才能对问题进行深入、系统研究，透彻地阐明观点。

1.4 研究的理论依据

1.4.1 家庭社会化理论

社会化是指将社会能接受的行为方式传授给个体的过程。家庭社会化主要是指子女成长的过程中，父母传授给他们与社会相适应的基本的价值观和行为模式。与消费者行为息息相关的社会化即消费者社会化，消费者社会化被定义为一个过程，通过这一过程个体获得技巧、知识和作为消费者所必需的态度和经历。许多青春期前的儿童通过观察他们的父母和年长的哥哥姐姐来获得他们的消费行为准则。社会学家从两个维度：宽容的和相对约束的、认真培养的和不培养的，将父母教育方式划分为四种类型：放任型父母、忽视型父母、威信型父母、威权型父母。放任型父母，是在子女的消费者社会化过程中非常和蔼且溺爱纵容的父母；忽视型父母，是在子女消费者社会化过程中对子女非常纵容但极少或几乎没有提供养育资源的父母；威信型父母，是在子女的消费者社会化过程中对子女非常和蔼但也非常严格的父母；威权型父母，是在子女的消费者社会化过程中对子女非常严格和冷漠的父母。社会化过程是不间断的，它开始于早期的儿童阶段并持续贯穿一个人的一生。家庭可以为子女提供经济来源，同时也为家庭成员提供爱、情感和亲密感。①家庭是社会的基本单位，家长是子女的第一任教师，家长对子女的教育方式在很大程度上潜移默化地影响着子女行为处事的方式。同理，家长的理财教育方式在很大程度上会影响到子女的消费行为。如果家长采取不当的理财教育方式，可能造成子女不良消费的出现。因此，在家庭理财教育中，家长应注重运用正确的理财教育方式，对子女进行科学的理财教育，以培养子女积极健康的消费观念和消费行为。

1.4.2　社会认知学习理论

消费社会化是年轻人学会消费相关的知识、技术、态度，成为市场成员的过程，主要集中在家庭、同伴、学校、商店等社会化执行者对他们消费行为的影响。消费社会化这一概念出现后，儿童消

① ［美］利昂·希夫曼（Leon G. Schiffman），［美］约瑟夫·维森布利特（Joseph Wisenblit）. 消费者行为学（第 11 版）［M］. 江林，张恩忠，等译. 北京：中国人民大学出版社，2015：247.

费相关的主题逐步发展为研究热点，作为儿童和青少年学习和发展的主要解释理论，社会认知学习理论一直是讨论消费社会化的基础。社会认知学习理论主要有两种主流观点：西尔斯（Robert Sears）的刺激反应学习理论和班杜拉（Albert Bandura）的社会认知学习理论，这两种观点都可用来解释儿童的学习机制和社会发展机制。刺激反应学习理论最早来源于对孩子的挫折和攻击行为的发展研究。西尔斯的研究对儿童的价值观、态度、文化方面的内在化理解产生影响。他认为父母的温和态度或惩罚孩子的方式会影响到儿童的内在化。他主要关注了攻击行为控制、抵制诱惑能力的发展、不同文化和性别角色。班杜拉认为，人的许多行为都是通过观察学习获得的。大学生尽管身处校园，但家长的金钱观念在日常交流中会影响到大学生的消费观念，家长的各种价值观念往往会通过潜移默化的形式影响到他们的行为方式，进而使其产生不同的消费行为。

1.4.3　认知消费行为理论

约翰·华生（John B. Watson）于 1913 年提出了行为主义理论，明确指出了行为是在外部环境刺激下形成的逐步适应的活动，通常采用单向线性的研究模式"刺激—反应"（简称"S-R"）行为研究模型开展研究。菲利普·科特勒（Philip Kotler）在行为心理学研究基础上开发了"刺激—反应"模型，指出了消费者行为是刺激与反应的综合体。消费者行为来源于外部环境和企业营销的各种刺激，受到一定的刺激后，消费者由于自身特性不同产生了反应，这个模型用来解释消费者行为时通常仅仅考虑输入（外部刺激）和输出（消费者的反应），因此被称为黑箱效应。采用"刺激—反应"即"S-R"这种研究模式进行形成过程的相关研究，最大限度地简化了刺激和行为之间的关系，完全忽略了消费者的意识和心理活动给人类行为带来的影响，无法适用于消费者的个体行为不同、消费者的个体行为带来的新行为和消费者的个体行为延迟的问题中。为了更进一步解释环境对个体行为产生差异的影响，梅拉宾和罗素（Mehrabian & Russel）提出了"刺激—机体—反应"（简称"S-O-R"）理论模型。该模型在"S-R"研究范式的基础上，引入机体（O）作为中介变量，通常说的机体为"处于刺激和最终行为、反应间的个体内部的过程和结构"，主要涉及消费者的情绪和认知。"S-O-R"理论研究模型将个人的认知或情绪作为中介变量引入环境刺激和行为反应研究中，认为个体产生的差异化的行为反应是由于个体对外部环境的刺激下形成不同的内在心理状态和个体认知。面对同样的社会消费刺激，往往由于消费者的不同心理而产生截然相反的消费行为。个人心理因素在购买中起着非常重要的作用，个人心理因素中的过去经验和信息以及价值观和态度的形成，都与个人成长中家长的影响有着密切的关系。因此，家庭的理财教育方式对子女的心理会产生重要影响，进而可能影响到他们的消费行为。

1.4.4　"经济—情感双重价值"认知论

我国学者陆剑清提出了"经济—情感双重价值"认知论。该理论认为，除了例行的经济价值外，感性的情感价值也是人类的价值判断过程中不可或缺的一个重要的影响因素，并在此基础上提出关于人类价值判断的"经济—情感双重价值认知模型"，该模型描述了消费者购买决策的形成过程，外界产品或服务的认知信息经过个体认知调解后进入其心智系统，然后激发行为意向，进而产生购买决策，产品认知信息在心智系统处理过程中，其既受到显性的经济因素影响，同时也受到隐性的情感因素的影响。该模型表明，人类的价值判断决策是一个理性认知与感性情绪"双核驱动、复合决策"的过程。与此同时,尽管个体可以通过行为结果信息反馈的方式对个体认知调节环节进行调整,但却无法根本上纠正价值判断的偏差,因为判断偏差源于心智系统中"认知局限"与"情绪干扰"双重因素的复合影响。人类在价值判断决策过程中,个体会受到"认知情绪"这一情感因素的巨大影响,致使个体在价值判断决策过程中,其情绪体验由原先的"情感中性"转化为"情感喜好"或"情感厌恶",从而形成正反两种意向:"期待接收"或"警惕排斥",进而影响个体的认知过程,干扰了原本"理性中立"的决策判断,导致价值判断决策结果产生偏差。该模型认为,经济价值与情感价值是人类价值判断决策的双翼,两者形成了一个彼此交织的符合判断决策整体,前者是决策之径,后者是动力之源,两者相辅相成、不可或缺。因此,人类的价值判断过程是由经济价值与情感价值共同作用、交互影响、彼此推动的双核驱动形态。即人类的消费决策是一个理性认知与感性情绪"双核驱动、复合决策"的过程,在人类的价值判断视野中,既包含了理性认知的经济价值,也包含了感性体验的情感价值,消费者的认知价值则是经济价值与情感价值的函数,即认知价值观 = V(经济价值,情感价值)。总之,"经济—情感双重价值认知模型"的提出,得以将感性的"情绪"这一变量引入人类价值判断的研究范畴,对消费者为何会产生购买决策的内在动因进行了有效的解释。①

---

① 陆剑青. 消费行为学 [M]. 北京:清华大学出版社,2015.

第 2 章 家庭理财教育方式的研究

2.1 家庭理财教育方式问卷的编制

2.1.1 初始问卷的编制

笔者对 30 名大学生进行访谈（见附录 1），让他们回忆家长对其进行的理财教育。归纳起来，家长对大学生进行的理财教育方式有三种：积极型、消极型和中间型。在访谈基础上，进行开放式问卷调查（见附录 2），进一步搜集家庭理财教育方式的有关资料。

根据访谈及开放式问卷所获资料，参考国内外文献资料、心理学专家的意见并结合笔者自己的构想，编制家庭理财教育方式问卷，然后请心理学专家修改，形成了以下四个维度：（1）放任自流型，即家长对子女在理财方面不管不问，任由子女随意消费的教育方式。（2）民主教育型，即家长经常教育子女如何理财，鼓励子女积极参与理财活动的教育方式。（3）溺爱放纵型，即家长从来不让子女考虑如何理财，对子女的不良消费持放纵态度的教育方式。（4）焦虑管制型，即家长把钱看得过重，对子女的花销严格管制的教育方式。

初始问卷（见附录 3）为自陈式问卷，共 36 道题项，每题有"完全符合""比较符合""不确定""比较不符合""完全不符合"

五个选项，分别以 5、4、3、2、1 表示，即如果自己的情况与题目完全符合，选"5"；如果比较符合，选"4"；如果不能确定，选"3"；如果不太符合，选"2"；如果完全不符合，选"1"。问卷以单选迫选形式进行调查。为减少被试对题目的猜测性，问卷题目随机排列；问卷没有给出标题以减少社会赞许效应；测试采用班级课堂施测，以保证被试回答时尽量少受干扰。随机选取 360 名大学生进行初测，收回有效问卷 340 份。

2.1.1.1　题项筛选

对有效数据进行因素分析，根据鉴别力分析以及题项的负荷值和共同度来删除部分题项，确定最后要保留的题项，确定正式问卷。

鉴别力分析是以受测者对项目的反应与某种参照标准之间的关系为基础的。一般情况下，有外部参照标准和内部参照标准两种。由于本问卷没有同类量表作为可靠的外部效标，因此，只能选取项目与问卷的总分的相关来进行鉴别力分析。题项与总分的相关越高，题项的鉴别力就越高，反之，鉴别力越低。美国测量学家伊贝尔根据自己编制测验的经验提出，鉴别力指数在 0.20 以下的题项应予淘汰，鉴别力指数在 0.20~0.40 之间的题项一般，鉴别力指数在 0.40 以上的题项较好。本问卷根据上述标准，经鉴别力分析，剔除了鉴别力指数在 0.20 以下的题项，构成了包括 26 个题项的小容量有效问卷。

2.1.1.2　因素分析

由于因素分析是从许多变量之间提取共同因素，因此，因素分析有一个默认的前提，即各变量间必须有相关性，从而保证各变量间有足够的共享信息来满足提取因子的需要，这是因素分析最为严格的前提条件。具体在该条件的判断上，除了根据专业知识来估计外，还必须先进行采样充足性检验（KMO）和球形检验（Bartlett）

（见表 2 - 1）。KMO 值越大，表示变量间的共同因素越多，越适合进行因素分析，根据凯撒（Kaiser，1974）的观点，KMO 的值小于 0. 50 时不适合做因素分析，在 0. 70 以上时较适合做因素分析，在 0. 90 以上时最适宜做因素分析。本问卷的 KMO 统计量为 0. 759，说明数据适合做因素分析，且效果较好；Bartlett 球形检验值为 1 591. 832，显著性水平为 0. 000，极其显著，说明变量内部存在有共享因素，也满足因素分析的先决条件。

表 2 - 1　　　　　　　　　　　**KMO 和 Bartlett 检验**

Kaiser-Meyer-Olkin Measure 取样适当性度量		0. 759
Bartlett 球形检验	近似卡方分布	1 591. 832
	自由度	276
	显著性	0. 000

用主成分分析法（principle factor analysis）提取公因素，因素的数目按以下标准进行确定：（1）因素特征值（Elgenvalue）大于 1；（2）符合碎石图检验（scree test）；（3）因素在旋转前至少解释 3% 的总变异；（4）每个因素至少包括 3 个项目；（5）符合理论构想的成分分析。最后提取出了 4 个因素，相关数据见图 2 - 1 和表 2 - 2。

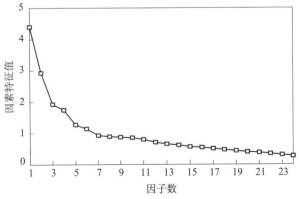

图 2 - 1　碎石图

表 2 - 2 总方差解释表

序号	特征值	单独解释方差（%）	累计解释方差（%）	特征值	单独解释方差（%）	累计解释方差（%）
1	4.39	18.32	18.32	3.10	12.93	12.93
2	2.93	12.21	30.54	2.89	12.07	25.01
3	1.93	8.04	38.58	2.63	10.98	35.99
4	1.74	7.25	45.84	2.36	9.84	45.84

为了更好地解释变量、命名因素，需对因素负荷矩阵进行旋转，由于各因子间存在相关，故再选用较贴近真实的斜交转法（promax），求出最终的因素负荷矩阵。旋转后的负荷矩阵见表 2 - 3。

表 2 - 3 旋转后的因素负荷表

题项	因素 1	因素 2	因素 3	因素 4
LC14	0.72			
LC3	-0.71			
LC18	0.69			
LC34	0.64			
LC9	-0.62			
LC15	0.59			
LC22		-0.71		
LC6		0.69		
LC28		-0.60		
LC2		0.58		
LC30		0.56		
LC35			0.73	
LC36			0.71	
LC17			0.63	
LC33			0.57	
LC5			0.53	
LC20				0.71
LC21				0.68
LC31				0.64
LC27				0.59

对预测问卷进行探索性因素分析，最后形成正式问卷含有 20 个题项。因素命名遵循两条原则：（1）参照理论模型的构想命名。看该因素的题项主要来自理论构想下的哪个维度，哪个维度贡献的题项多就以哪个维度命名。（2）参照因素题项的负荷值命名。

家庭理财教育方式问卷经过因素分析以后，共析出 4 个因素。由表 2 - 3 可以看出，因素 1 共包括 6 个题目，主要来源于原来理想维度中的焦虑管制型，根据因素中题项内容，将该因素命名为"干预控制型"；因素 2 共包含 5 个题项，主要来源于原来理想维度中的民主教育型，根据因素中题项内容，将该因素命名为"教育引导型"；因素 3 共包含 5 个题项，将该因素命名为"溺爱放纵型"；因素 4 共包含 4 个题项，主要来源于原来理想维度中的焦虑管制型，根据因素中题项内容，将该因素命名为"焦虑牢骚型"。

2.1.2　正式问卷的形成

根据对初测问卷的因素分析，形成了包含 20 道题目的正式问卷（见附录 4），并确定家庭理财教育方式正式问卷的维度为四个：（1）教育引导型，即家长经常教育子女如何理财，引导子女积极参与理财活动的教育方式。（2）溺爱放纵型，即家长从不教育子女如何理财，对子女的不良消费持放纵态度的教育方式。（3）干预控制型，即家长经常干预子女的消费情况，严格控制子女日常花销的教育方式。（4）焦虑牢骚型，即家长把钱看得过重，当子女花钱时就牢骚满腹、焦虑不安的教育方式。

2.1.3 正式问卷信效度检验

2.1.3.1 问卷信度检验

在因素分析之后，为了进一步了解问卷的可靠性，要做信度检验。信度是指多次测验结果间的一致性或稳定性，或估计测量误差有多少，以实际反映出真实程度的一种指针。a 系数在编制测验或量表时，常作为测量分数信度之一的数据，在社会科学的研究领域中，a 系数的使用率非常高。

本问卷采用 a 系数（同质性信度）和分半信度作为信度指标（见表 2 – 4）。

表 2 – 4　家庭理财教育方式正式问卷的同质性信度和分半信度

教育方式	同质性信度（Alpha）	分半信度（Split-half）
教育引导型	0.78	0.81
溺爱放纵型	0.80	0.77
干预控制型	0.61	0.63
焦虑牢骚型	0.72	0.63
总问卷	0.85	0.72

由表 2 – 4 可知，总问卷的同质性信度为 0.85，各因素的同质性信度在 0.61 ~ 0.80 之间，总问卷的分半信度为 0.72，各因素的分半信度在 0.63 ~ 0.81 之间，说明本章所构建的家庭理财教育方式问卷是比较稳定和可靠的。

2.1.3.2 问卷效度检验

（1）内容效度检验。内容效度的确定方法主要是逻辑分析法，其工作思路是对检验题目与原定内容和程度作出判断。判断检验题目与原定内容范围的吻合程度高低有两个标准：一是确定好的内容范围，二是测验题项是已经确定的内容范围的代表性样本。本章中所编制的问卷的维度和题项来源于理论文献综述、开放式问卷调查以及初测后因素分析的结果，在问卷初测前后多次请心理学专家进行审定，请大学生提出修订建议，基本保证了问卷的维度和题项能够涵盖家庭理财教育方式的各方面，并具有代表性。

（2）构想效度检验。首先是内部一致性效度检验。为进一步检验修正后的家庭理财教育方式问卷的内部一致性，分别计算题项与其所属各维度之间的相关，以查明各检验是否具有区分价值（见表 2-5）。结果表明，各项目与其所属维度之间的相关系数显著高于它们与其他分维度的相关系数，说明本问卷的内部一致性较好。

表 2-5　　　　　　　各题项与所属维度及其他维度的相关

教育方式	题项	教育引导型	溺爱放纵型	干预控制型	焦虑牢骚型
教育引导型	Lc30	0.75	0.36	0.33	0.36
	Lc22	0.67	0.31	0.23	0.26
	Lc28	0.71	0.20	0.22	0.35
	Lc6	0.73	0.25	0.24	0.35
	Lc2	0.75	0.31	0.33	0.12
溺爱放纵型	Lc35	0.28	0.78	0.29	0.19
	lc33	0.33	0.79	0.24	0.23
	lc5	0.33	0.79	0.14	0.17
	lc17	0.44	0.80	0.25	0.15
	lc36	0.30	0.80	0.23	0.10
干预控制型	Lc18	0.20	0.30	0.81	0.04
	Lc14	0.40	0.20	0.76	0.19
	Lc15	0.31	0.40	0.81	0.32
	Lc3	0.39	0.31	0.80	0.23
	Lc34	0.22	0.22	0.79	0.32
	Lc9	0.23	0.32	0.81	0.36
焦虑牢骚型	Lc20	0.28	0.36	0.30	0.74
	Lc21	0.41	0.38	0.20	0.64
	Lc31	0.27	0.25	0.17	0.68
	Lc27	0.33	0.36	0.15	0.71

其次是结构效度检验。问卷的结构效度是指问卷能够测量到理

论上的结构和特质的程度，本章采用相关分析来检验家庭理财教育方式问卷的结构效度（见表2-6）。根据相关分析原理，各个因素应该与问卷总分具有较高的相关，以体现问卷整体的同质性；各因素之间的相关应该适当，相关过低说明构想同质性太低，相关过高则说明因素之间具有严重的共线性。

表2-6　　家庭理财教育各因素及总分之间的相关系数矩阵

教育方式	教育引导型	溺爱放纵型	干预控制型	焦虑牢骚型	总问卷
教育引导型	1				
溺爱放纵型	0.35	1			
干预控制型	0.36	0.38	1		
焦虑牢骚型	0.38	0.36	0.33	1	
总问卷	0.77	0.75	0.67	0.77	1

如表2-6所示，在家庭理财教育问卷中，各因素与问卷总分之间的相关系数在0.67~0.77之间，存在较高的相关，这说明问卷的同质性较好；各因素之间的相关系数在0.33~0.38之间，比较适中，这说明因素间具有一定的独立性，且能较好地反映所要测量的内容。

2.2　家庭理财教育方式现状研究

2.2.1　家庭理财教育方式的总体特征

本次问卷调查主要于2020年6~12月在郑州大学、河南大学、河南财经政法大学、河南理工大学、信阳师范学院五所学校进行，问卷调查采取整群分层抽样的方式，共发放问卷1 500份，收回问卷1 463份，剔除无效问卷192份，得到有效问卷1 271份。其中，男生 435 人，女生 836 人；文科 516 人，理工科 519 人，其他专业 236 人；城市大学生 576 人，乡镇大学生 276 人，农村大学生 419 人；独生子女大学生 280 人，非独生子女大学生 991 名；大一 348 人，大二 373 人，大三 282 人，大四 268 人。

由表 2-7 可以看出，在家庭理财教育方式的四个维度上，各维度的题项均分在 1.89~3.01 之间，家庭理财教育方式在教育引导型教育这一维度上得分最高，焦虑牢骚型教育维度得分最低；各因素平均值的大小顺序依次为：教育引导型（因素 1）>干预控制型（因素 3）>溺爱放纵型（因素 2）>焦虑牢骚型（因素 4）。

表 2-7　　　　　家庭理财教育方式的一般特点分析

教育方式	人数	最小值	最大值	平均数	标准差
教育引导型	1 271	1.00	5.00	3.01	0.72
溺爱放纵型	1 271	1.00	4.60	2.78	0.74
干预控制型	1 271	1.17	5.00	2.99	0.68
焦虑牢骚型	1 271	1.00	4.50	1.89	0.69

上述结果表明，随着生活水平和文明程度的提升，家长已经认识到消费教育的重要性，开始注重对子女进行消费教育和引导。然而，值得注意的是，干预控制型、溺爱放纵型的得分也较高，这些家庭理财教育中存在的不当教育方式也有待得以重视和改进。

2.2.2　家庭理财教育方式在人口学变量上的差异性分析

2.2.2.1　家庭理财教育方式的性别差异

从表 2-8 可以看出，家庭理财教育方式不存在着性别差异。在教育引导、干预控制、焦虑牢骚三个维度上，男大学生得分高于女大学生；在溺爱放纵维度上，女大学生得分高于男生。但是，上述差异都未达到显著水平。

表 2 - 8　　　　家庭理财教育方式的性别差异分析

教育方式	性别	人数	平均数	标准差	F	Sig.
教育引导型	男	435	3.08	0.70	0.76	0.38
	女	836	2.98	0.72		
溺爱放纵型	男	435	2.57	0.75	3.04	0.08
	女	836	2.90	0.71		
干预控制型	男	435	3.16	0.65	0.01	0.90
	女	836	2.90	0.67		
焦虑牢骚型	男	435	2.02	0.67	1.93	0.16
	女	836	1.82	0.70		

　　家长对不同性别的子女所进行的理财教育方式侧重点有所不同。总的来说，家长对男性子女的理财教育的方式要更多、更严一些。之所以会出现这种情况，我们认为是由于我国传统文化的影响所致。我国传统文化向来主张男女有别，要求男性自立自强，因此家长在对男性子女的教育上更注重对其独立性的培养。此外，也与男女生性别特点的差异有关。女生性格大多比较温和，能够接受家长的意见，不用家长过多管教；而多数男生则往往大大咧咧，乱花钱的情况更容易出现，因而家长会对男生管得更严。

2.2.2.2　独生子女与非独生子女所受家庭理财教育方式的差异

　　从表 2 - 9 可以看出，在教育引导型和焦虑牢骚型方面，独生子女家长得分显著高于非独生子女。换而言之，独生子女家长对于子女教育引导和焦虑牢骚的教育方式显著高于非独生子女家长。研究结果表明，独生子女家长已逐渐摆脱娇生惯养的教养方式，开始积极运用教育引导等更为科学理性的方式开展理财教育，然而，在子女的理财教育中可能由于知识欠缺或效果欠佳，出现较多焦虑牢骚的教育方式。

表 2 - 9　独生子女与非独生子女所受家庭理财教育方式的差异分析

教育方式	子女情况	人数	平均数	标准差	F	Sig.
教育引导型	独生子女	280	3.15	0.78	5.86*	0.01
	非独生子女	991	2.97	0.69		
溺爱放纵型	独生子女	280	2.93	0.76	0.31	0.57
	非独生子女	991	2.74	0.73		
干预控制型	独生子女	280	3.11	0.70	0.65	0.41
	非独生子女	991	2.95	0.67		
焦虑牢骚型	独生子女	280	1.96	0.60	14.27**	0.00
	非独生子女	991	1.87	0.72		

注：＊代表差异显著，＊＊代表差异极其显著。

2.2.2.3　家庭理财教育方式的生源地差异

从表 2 - 10 可以看出，家庭理财教育方式存在着城乡差异。在溺爱放纵型和焦虑牢骚型这两个维度上存在显著差异，城市大学生得分显著高于农村大学生。城市家长在溺爱放纵型和焦虑牢骚型两种教育方式上比农村家长要多，主要是由于城市家庭收入水平普遍较高，加上目前城市大学生大多数是独生子女，家长对于自己的"独苗"总是悉心呵护，只要子女提出用钱要求，一般会全力满足，无形中就走向了溺爱放纵的教育道路。城市家长之所以比农村家长的焦虑牢骚教育方式多，可能与他们不同的家庭期望有关。黄艾丽和杜学元认为，城乡家长对子女在教育期望上存在较大差异，农村家长对子女的教育期望较低，城市对子女的教育期望较高，当子女无法满足家长的期望时，对子女存在高期望的城市家长往往会抱怨子女和发牢骚，忽视选择科学的教育方法。[①]

---

① 黄艾丽，杜学元．关于我国城乡家庭教育差异的比较分析［J］．宜宾学院学报，2007（1）：107 - 110.

表 2 – 10　　　　　　　　家庭理财教育方式的生源地差异分析

教育方式	生源地	人数	平均数	标准差	F	Sig.
教育引导型	城市	576	14.84	3.71	1.69	0.19
	农村	695	14.64	3.79		
溺爱放纵型	城市	576	12.35	4.20	17.70**	0.00
	农村	695	10.74	3.52		
干预控制型	城市	576	18.20	4.40	0.00	0.96
	农村	695	17.39	4.40		
焦虑牢骚型	城市	576	8.22	2.90	3.97*	0.04
	农村	695	7.75	2.76		

注：＊代表差异显著，＊＊代表差异极其显著。

2.2.2.4　不同年龄家长在家庭理财教育方式上的差异

以年龄作为自变量，进行单因素方差分析，其在焦虑牢骚因素上存在主效应，在教育引导、溺爱放纵、干预控制因素上无显著差异。对焦虑牢骚因素进行事后检验，结果见表 2 – 11，40 岁以下家长的焦虑牢骚型教育方式显著多于 40～50 岁的家长，40 岁以下家长的焦虑牢骚型教育方式也显著多于 50 岁以上的家长，表明 40 岁以下家长的焦虑牢骚型教育方式较多。出现这种情况的主要原因可能是年轻家长正处于事业上升期，事业和家庭难以同时兼顾，面对工作的压力和家庭的重负，常常会产生较多的焦虑。

表 2 – 11　　　不同年龄家长在理财教育方式上的多重均数比较

教育方式	①40 岁以下 (60 人)	②40～50 岁 (1 011 人)	③50 岁以上 (200 人)	F	事后比较
教育引导型	3.01 ± 0.62	3.01 ± 0.70	3.00 ± 0.80	0.02	
溺爱放纵型	2.57 ± 0.52	2.80 ± 0.73	2.77 ± 0.86	2.82	
干预控制型	3.15 ± 0.57	2.97 ± 0.67	3.03 ± 0.74	2.30	
焦虑牢骚型	2.20 ± 0.71	1.87 ± 0.69	1.88 ± 0.67	6.22**	①＞②, ①＞③

注：＊＊代表差异极其显著。

2.2.2.5　受教育程度不同的家长在家庭理财教育方式的差异

以受教育程度作为自变量，进行单因素方差分析，其在教育引导和干预控制两个因素上存在主效应，在溺爱放纵和焦虑牢骚因素上无显著差异。对教育引导、干预控制进行事后检验，结果见表 2-12，在教育引导维度上，受过大学教育的家长与小学、初中和高中学历的家长存在显著差异，受过大学教育的家长比小学、初中和高中学历的家长更多运用教育引导型的教育方式。在干预控制维度上，受过大学教育的家长与小学、初中和高中学历家长存在显著差异，表现为受过大学教育的家长比小学、初中、高中学历的家长运用干预控制教育要多。在本章中出现了高学历家长教育引导方式多，同时干预控制教育方式也多的矛盾现象，这反映了家长在理财教育方式上的复杂性和矛盾性。

表 2-12　受教育程度不同的家长在家庭理财教育上的差异分析

教育方式	①小学 (120 人)	②初中 (487 人)	③高中 (368 人)	④大学及以上 (296 人)	F	事后比较
教育引导型	2.99 ± 0.68	2.91 ± 0.64	3.00 ± 0.67	3.22 ± 0.76	11.92 **	④＞①, ④＞②, ④＞③
溺爱放纵型	2.83 ± 0.71	2.72 ± 0.75	2.83 ± 0.69	2.82 ± 0.80	1.94	
干预控制型	2.88 ± 0.69	2.97 ± 0.70	2.97 ± 0.62	3.09 ± 0.69	3.20 *	④＞①, ④＞②, ④＞③
焦虑牢骚型	1.91 ± 0.92	1.89 ± 0.71	1.82 ± 0.59	1.94 ± 0.69	1.72	

注：* 代表差异显著，** 代表差异极其显著。

受过大学教育的家长比小学、初中和高中学历的家长更多地运用教育引导型的教育方式。这可能是因为受教育水平高的父母会把自己和孩子视为相互独立的两个主体，尊重双方的感受和发展，采取教育引导的教育方式。当子女产生消费和理财方面的问题时，他们会给予充分的理解、支持和必要的引导。受教育水平低的父母缺乏必要的理财方面的知识，当孩子不听话或乱花钱时，则容易采用简单粗暴的教育方式。在干预控制维度上，也表现为受过大学教育的家长比小学、初中、高中学历的家长更多地运用干预控制教育。调查显示，高学历家长因为经济条件较宽裕，一般对子女的要求都会尽量满足，把子女的学习与深造放在第一位，而忽视了培养子女良好的生活自理能力。[①] 高学历家长，由于其自身良好的教育背景和所处的优越职位，他们更容易习惯与依赖上层社会的生活方式，从而对子女的期望更高，这些过高的期望很可能导致对孩子干预控制过多。

2.2.2.6 不同收入的家庭在理财教育方式上的差异

以家长的收入作为自变量，进行单因素方差分析，其在溺爱放纵、焦虑牢骚两个因素上具有主效应。对这两个因素进行事后检验，结果见表 2 – 13。可以发现，在溺爱放纵维度上，收入较高和中等的家长得分较高，其他收入段家长从高到低依次是：很高 > 较低 > 很低，可见收入中等和较高的家长溺爱放纵型的教育方式比较突出。在牢骚焦虑维度上，具体表现为很低 > 很高、中等 > 很高，表明收入很低和中等的家长得分较高。社会的迅猛发展，使得收入较低的家长群体倍感压力，生活的艰辛、工作的压力都可能使他们产生焦虑牢骚的理财教育方式；而收入中等的家长群体，虽步入中产阶层，但也面临危机感，承受着维持中产的压力，诸多的危机感和重压，都可能使他们产生焦虑心理，这种焦虑心理反映在家庭生活中，就很容易出现焦虑牢骚型的教育方式。

---

① 肖波. 白领家长更"宠"孩子 [N]. 中国教育报，2005 – 08 – 18.

表 2 – 13　　　　不同收入的家庭在理财教育方式上的差异分析

教育方式	①很低 (56 人)	②较低 (304 人)	③中等 (763 人)	④较高 (108 人)	⑤很高 (40 人)	F	事后比较
教育引导型	2.88 ± 0.99	2.99 ± 0.72	3.02 ± 0.70	3.08 ± 0.67	3.09 ± 0.62	0.89	
溺爱放纵型	1.92 ± 0.80	2.70 ± 0.70	2.86 ± 0.71	2.96 ± 0.68	2.79 ± 0.85	24.73**	③ > ② > ①，④ > ② > ①，⑤ > ①
干预控制型	3.02 ± 0.77	3.03 ± 0.71	2.97 ± 0.67	3.00 ± 0.62	2.96 ± 0.62	0.45	
焦虑牢骚型	2.01 ± 0.71	1.86 ± 0.63	1.92 ± 0.72	1.72 ± 0.61	1.76 ± 0.68	2.92*	① > ④，③ > ④

注：*代表差异显著，**代表差异极其显著。

第3章　大学生消费行为的研究

3.1　大学生消费行为问卷的编制

3.1.1　初始问卷的编制

笔者对30名大学生进行了访谈（见附录1），了解他们的消费行为特点。归纳起来，大学生的消费行为主要有求实性消费、攀比性消费、超前性消费、冲动性消费、炫耀性消费、求美性消费等。在访谈基础之上，进行了开放式问卷调查（见附录2），进一步搜集大学生消费行为的有关资料。

根据访谈及开放式问卷所获得的资料，参考国内外文献资料、心理学专家的意见并结合笔者自己的构想，编制大学生消费行为问卷，然后请心理学专家修改，形成了以下四个维度：（1）求实性消费，指追求商品的实用性、服务的可靠性和价格的合理性的消费。（2）攀比性消费，指为达到某种目的，与周围同学相互攀比而产生的消费行为。（3）超前性消费，指超出现实经济能力的一种消费。（4）冲动性消费，指被商品的某种特征所吸引，一时兴起而进行的无计划消费。

初始问卷（见附录3）为自陈式问卷，共30道题项。每道题有"完全符合""比较符合""不确定""比较不符合""完全不符

合"五个选项，分别以 5、4、3、2、1 表示，以单选迫选形式进行
调查。为减少被试对题目的猜测性，问卷题目随机排列；问卷没有
给出标题以减少社会赞许效应；测试采用班级课堂施测，以保证被
试回答时尽量少受干扰。

初测被试与前面相同。初始问卷施测与分析的程序与家庭理财
教育方式问卷程序相同。

3.1.1.1 题项筛选

题项的筛选标准和过程与家庭理财教育方式问卷相同。经过筛
选，最后构成了包含 19 个题项的小容量有效问卷。

3.1.1.2 抽取因素

对有效问卷再次进行因素分析和斜交转法（promax），抽取因
素并命名。

表 3-1 即为因素分析前对问卷做的 KMO 统计量和 Bartlett's 球
形检验结果。表 3-1 中显示 KMO 统计量数值为 0.825，大于 0.5，
这表明数据适合做因素分析，且效果较好；显示 Bartlett's 球形检验
值为 2 059.597，显著水平为 0.000，极其显著，可见球形假设被拒
绝，各指标间并非独立，取值相关。KMO 统计量和 Bartlett's 球形
检验均表明问卷适宜做因素分析。

表 3-1   **KMO and Bartlett 检验**

Kaiser-Meyer-Olkin 取样适当性度量值		0.825
Bartlett 球形检验	近似卡方分布	2 059.597
	自由度	276
	显著性	0.000

对问卷采用主成分法进行因素分析，解得初始因素负荷矩阵。
为精确估计变量与因子的关系，再选用方差最大化斜交转法求出最

终旋转后的负荷矩阵，然后根据以下标准确定因素的数目：（1）因素的特征值大于 1；（2）因素解负荷碎石图检验（见图 3 - 1）；（3）符合理论构想的成分分析。最后共抽取 4 个因素，相关数据见表 3 - 2。

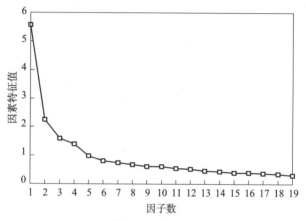

图 3 - 1　碎石图

表 3 - 2　　　　　　　　　　总方差解释表

序号	特征值	单独解释方差（%）	累计解释方差（%）	特征值	单独解释方差（%）	累计解释方差（%）
1	5.55	29.25	29.25	2.94	15.50	15.50
2	2.25	11.85	41.10	2.84	14.95	30.45
3	1.59	8.39	49.50	2.57	13.56	44.02
4	1.38	7.30	56.80	2.42	12.78	56.80

3.1.1.3　因素命名

大学生消费行为问卷经过因素分析以后，共析出 4 个因素（见表 3 - 3）。

表 3 – 3　　　　　　　　　　旋转后的因素负荷

题项	因素 1	因素 2	因素 3	因素 4
Xf1	0.80			
Xf5	0.78			
Xf13	0.76			
Xf17	0.55			
Xf25	0.53			
Xf2		0.73		
Xf14		0.66		
Xf18		0.65		
Xf22		0.63		
Xf23		0.62		
Xf7			0.78	
Xf11			0.73	
Xf15			0.73	
Xf27			0.73	
Xf4				0.79
Xf8				0.75
Xf12				0.69
Xf20				0.58
Xf28				0.60

　　由表 3 – 3 可知，因素 1 共包括 5 个题目，主要来源于原来理想维度中的求实性消费，因此将该因素命名为"求实性消费行为"；因素 2 共包含 5 个题项，主要来源于原来理想维度中的攀比性消费，因此将该因素命名为"攀比性消费行为"；因素 3 共包含 4 个题项，主要来源于原来理想维度中的超前性消费，因此将该因素命名为"超前性消费行为"；因素 4 共包含 5 个题项，主要来源于原理想维度中的冲动性消费，因此将该因素命名为"冲动性消费行为"。

3.1.2 正式问卷的形成

根据初测问卷的分析结果，形成了包含四个维度的大学生消费行为正式问卷（见附录4），这四个维度分别是：（1）求实性消费，追求商品的实用性、服务的可靠性和价格的合理性的消费；（2）攀比性消费，为达到某种目的，与周围同学相互攀比而产生的消费行为；（3）超前性消费，将用于未来的钱用于现在，超出现实经济能力的一种消费；（4）冲动性消费，被商品的某种特征所吸引，一时兴起而进行的无计划消费。

3.1.3 大学生消费方式正式问卷信效度检验

3.1.3.1 问卷信度检验

本问卷采用 a 系数（同质性信度）和分半信度作为信度指标（见表3－4）。

表3－4　大学生消费行为正式问卷的同质性信度和分半信度

消费行为	同质性信度（Alpha）	分半信度（Split-half）
求实性消费	0.82	0.68
攀比性消费	0.79	0.71
超前性消费	0.79	0.78
冲动性消费	0.76	0.72
总问卷	0.86	0.61

由表3－4可知，总问卷的同质性信度为0.86，各因素的同质性信度在0.76~0.82之间，总问卷的分半信度为0.61，各因素的分半信度在0.68~0.78之间，说明本章所构建的大学生消费行为问卷是比较稳定和可靠的。

3.1.3.2　问卷效度检验

（1）内容效度检验。本书中所编制的问卷的维度和题项来源于理论文献综述、访谈、开放式问卷调查以及初测后因素分析的结果，在问卷初测前后多次请心理学专家进行审定，请大学生提出修订建议，基本保证了问卷的维度和题项能够涵盖大学生消费行为的各方面，并具有代表性。

（2）构想效度检验。首先是内部一致性效度检验。为进一步检验修正后的大学生消费行为问卷的内部一致性，分别计算题项与其所属各维度之间的相关，以查明各检验是否具有区分价值（见表 3 – 5）。结果表明，各项目与其所属维度之间的相关系数显著高于它们与其他分维度的相关系数，说明本问卷的内部一致性较好。

表 3 – 5　　　　　　各题项与所属维度及其它维度的相关

因素	题项	因素 1	因素 2	因素 3	因素 4
因素 1	Xf1	0.81	0.23	0.25	0.28
	Xf5	0.78	0.25	0.21	0.32
	Xf13	0.76	0.21	0.20	0.27
	Xf17	0.69	0.32	0.30	0.27
	Xf25	0.68	0.39	0.20	0.37
因素 2	Xf2	0.36	0.71	0.31	0.16
	Xf14	0.22	0.67	0.30	0.21
	Xf18	0.32	0.67	0.32	0.20
	Xf22	0.38	0.70	0.22	0.32
	Xf23	0.26	0.69	0.32	0.26
因素 3	Xf7	0.14	0.21	0.77	0.23
	Xf11	0.15	0.20	0.82	0.24
	Xf15	0.38	0.31	0.78	0.25
	Xf27	0.23	0.30	0.74	0.33

因素	题项	因素1	因素2	因素3	因素4
因素4	Xf4	0.33	0.32	0.22	0.74
	Xf8	0.32	0.32	0.30	0.82
	Xf12	0.23	0.33	0.21	0.71
	Xf20	0.33	0.21	0.32	0.68
	Xf28	0.20	0.22	0.20	0.70

其次是结构效度检验。如表 3 - 6 所示，在大学生消费行为问卷中，各因素与问卷总分之间的相关系数在 0.65 ~ 0.83 之间，存在较高的相关，这说明问卷的同质性较好；各因素之间的相关系数在 0.16 ~ 0.34 之间，比较适中，这说明因素间具有一定的独立性，且能较好地反映所要测量的内容。

表 3 - 6　大学生消费行为各因素及总分之间的相关系数矩阵

消费行为	求实性消费	攀比性消费	超前性消费	冲动性消费	总问卷
求实性消费	1				
攀比性消费	0.34	1			
超前性消费	0.33	0.27	1		
冲动性消费	0.21	0.25	0.16	1	
总问卷	0.83	0.75	0.77	0.65	1

3.2　大学生消费行为现状研究

3.2.1　大学生消费行为的总体特征

表 3 - 7 数据结果显示，大学生在"求实性消费"这个维度上的得分最高，在"超前性消费"这个维度上得分最低，各维度平均值的大小顺序依次为：求实性消费（因素 1）＞冲动性消费（因素

4) > 攀比性消费（因素 2） > 超前性消费（因素 3）。这表明当代大学生的消费行为总体而言是健康和积极向上的。他们大多有良好的消费行为，但同时也存在一些消费误区，如冲动性消费、攀比性消费和超前性消费。

表 3 - 7　　　　　　　大学生消费行为的一般特点分析

消费行为	人数	最小值	最大值	平均数	标准差
求实性消费	1 271	1. 20	5. 00	3. 74	0. 66
攀比性消费	1 271	1. 00	4. 20	1. 81	0. 62
超前性消费	1 271	1. 00	4. 00	1. 55	0. 64
冲动性消费	1 271	1. 00	4. 60	2. 39	0. 83

3.2.2　大学生消费行为在人口学变量上的差异性分析

3.2.2.1　大学生消费行为的性别差异

表 3 - 8 数据结果显示，当代大学生消费行为有显著的性别差异。男生在超前性消费上显著高于女生，女生比男生存在更多的是冲动性消费。这与前人的研究结果基本一致，马义爽和王春利指出，男性消费者在购物时有较强的理性支配能力，而女性消费者购物时往往是凭感觉、凭印象，更多的靠感性消费，商品品牌的寓意、款式色彩产生的联想、商品形状带来的美感都可以使女性产生购买动机，从而产生冲动性消费。[①] 男生之所以易出现超前性消费，可能与男生爱面子有关。在我国传统中流行着面子文化，面子对于男士特别重要，因而有"打肿脸充胖子"的说法，反映在消费上，就表现为男生由于爱面子而产生炫耀性的超前消费现象。

---

① 马义爽，王春利. 消费心理学［M］. 北京：首都经贸大学出版社，2003.

表 3 - 8 大学生消费行为的性别差异分析

消费行为	性别	人数	平均数	标准差	F	Sig.
求实性消费	男	435	3.88	0.68	3.80	0.05
	女	836	3.67	0.64		
攀比性消费	男	435	1.78	0.60	0.14	0.70
	女	836	1.83	0.63		
超前性消费	男	435	1.60	0.66	4.49 *	0.03
	女	836	1.53	0.63		
冲动性消费	男	435	2.12	0.72	18.39 **	0.00
	女	836	2.54	0.85		

注：* 代表差异显著，** 代表差异极其显著。

3.2.2.2 独生大学生与非独生大学生在消费行为上的差异

由表 3 - 9 可以看出，独生子女与非独生子女在冲动性消费维度上有显著差异，较之于非独生子女，独生子女更容易出现冲动性消费行为。在攀比消费和超前消费两个维度上，尽管独生子女得分也高于非独生子女，但差异结果未达到显著水平。

表 3 - 9 独生与非独生大学生消费行为上的差异分析

消费行为	是否独生	人数	平均数	标准差	F	Sig.
求实性消费	是	280	3.68	0.67	0.05	0.81
	否	991	3.76	0.65		
攀比性消费	是	280	1.88	0.55	2.94	0.08
	否	991	1.79	0.64		
超前性消费	是	280	1.60	0.68	0.97	0.32
	否	991	1.54	0.63		
冲动性消费	是	280	2.53	0.88	5.75 *	0.01
	否	991	2.35	0.81		

注：* 代表差异显著。

3.2.2.3 大学生消费行为的生源地差异

由表 3 - 10 可以看出，大学生消费行为在求实性消费、攀比性消费和超前性消费方面存在着显著的地域差异，而在冲动性消费上地域差异不显著。研究结果显示，城市大学生比农村大学生更容易产生攀比性消费行为，农村大学生比城市大学生有更多的超前消费，农村大学生在求实性消费上也显著高于城市大学生。城市大学生有更多的攀比性消费行为，可能是因为目前城市大学生通常属于独生子女，从小在优越的环境下成长，具有较强的自尊心和好强性，在日常消费中往往会通过炫耀性的攀比消费，以体现自己的优越感和独特个性。而农村大学生的家庭条件往往比城市大学生要差一些，他们在经济并不宽裕的情况下只能选择求实性消费。当他们心仪于某件商品时，迫于囊中羞涩，就会想方设法地获取金钱从满足自己的消费需求，就可能出现借贷性的超前消费行为。

表 3 - 10　　　　　　大学生消费行为的生源地差异比较

消费行为	生源地	人数	平均数	标准差	F	Sig.
求实性消费	城市	576	3.73	0.60	10.62 **	0.00
	农村	695	3.75	0.71		
攀比性消费	城市	576	1.83	0.58	6.63 *	0.01
	农村	695	1.80	0.66		
超前性消费	城市	576	1.51	0.60	22.24 **	0.00
	农村	695	1.59	0.67		
冲动性消费	城市	576	2.42	0.85	2.45	0.11
	农村	695	2.37	0.82		

注：* 代表差异显著，** 代表差异极其显著。

3.2.2.4　不同专业的大学生消费行为的差异

由表 3 - 11 可以看出，大学生消费行为在专业方面存在显著的差异。在求实性消费、攀比性消费和冲动性消费方面，文科大学生显著高于理工科大学生；而在超前性消费方面，理工科大学生高于文科大学生。这一结果与通常的认知有所差异。通常的认知中，文科大学生超前性消费要显著高于理工科大学生，而本章的结果则恰恰相反。深入分析其中缘由，大概有以下两点：一是超前消费的概念越来越广泛。以往我们通常认为的超前消费更多的是借贷性质，意味着入不敷出借债度日，而当前随着高校中的高利贷性质的各种不法"学生贷"被取缔，日益兴起的花呗、白条成为灵活便捷的消费支付方式，使得超前消费的概念趋于中性，运用得当也有助于解决燃眉之急，受到越来越多的大学生的青睐。二是理工科大学生更善于算计利益得失。适当运用合法的网络借贷，不仅能解决燃眉之急，同时在一定程度上也能将这部分钱用于网络投资获取更多的利润。在访谈过程中，有不少理工科专业的大学生都表示自己正在进行网络理财，会在某些消费方面进行借贷，同时，将手中余钱用于投资获取红利。

表 3 – 11 大学生消费行为的专业差异 （n = 1 271）

消费行为	专业	人数	平均数	标准差	F	Sig.
求实性消费	文科	516	3.79	0.62	4.07 *	0.04
	理工科	755	3.71	0.68		
攀比性消费	文科	516	1.83	0.65	6.84 *	0.00
	理工科	755	1.80	0.60		
超前性消费	文科	516	1.49	0.63	4.51 *	0.03
	理工科	755	1.60	0.65		
冲动性消费	文科	516	2.43	0.87	19.37 **	0.00
	理工科	755	2.37	0.80		

注：＊代表差异显著，＊＊代表差异极其显著。

3.2.2.5 大学生消费行为在年级上的差异

以不同年级作为自变量，进行单因素方差分析，其在攀比性消费和冲动性消费两个因素上均存在主效应。对这两个要素进行事后检验，结果见表 3 – 12。可以发现，在攀比性消费上，二年级大学生显著高于一年级大学生，四个年级大学生在攀比消费维度上的得分由高到低依次是：二年级大学生 > 三年级大学生 > 四年级大学生 > 一年级大学生。在冲动性消费上，二年级大学生显著高于一年

级和四年级大学生，四个年级大学生得分情况为：二年级大学生 >
三年级大学生 > 四年级大学生 > 一年级大学生。由上述可知，大二
学生在攀比消费与冲动消费上的得分都最高，也就是说与其他年级
相比，大二学生的攀比、冲动消费最为突出。以往的研究也显示，
相较于其他年级学生，大二学生群体更痴迷于网购，也存在着较高
的网购成瘾倾向。[1] 大二年级学生之所以具有更多的攀比性消费和
冲动性消费，可能与大二这个特殊的学段有一定的关系。入校第一
年的大学生往往对周围的环境还很陌生，一切尚处在摸索和适应阶
段。经过一年的适应之后，大学生同学之间已经更加熟悉，自身个
性也更加外漏，在各方面也不再掩饰自己，他们的各种需求也会不
由自主地冒出来，尤其是周围与自己家境相近的同学的表现，无形
中会成为自己生活中重要的参照标准，在消费方面，当周围同学的
消费风头盖过自己时，他们也自然不甘心落于人后，很容易出现赢
得面子的攀比性消费和难以自已的冲动性消费。

表 3 - 12　　　　大学生消费行为的年级差异（n = 1 271）

消费行为	①大一 （348 人）	②大二 （373 人）	③大三 （282 人）	④大四 （268 人）	F	事后比较
求实性消费	3.76 ± 0.69	3.73 ± 0.64	3.73 ± 0.66	3.75 ± 0.66	0.22	
攀比性消费	1.74 ± 0.56	1.87 ± 0.65	1.82 ± 0.63	1.80 ± 0.64	2.72 *	② > ①
超前性消费	1.59 ± 0.67	1.51 ± 0.61	1.57 ± 0.64	1.53 ± 0.65	1.10	
冲动性消费	2.31 ± 0.83	2.48 ± 0.84	2.43 ± 0.84	2.33 ± 0.80	3.12 *	② > ①， ② > ④

注：＊代表差异显著。

3.2.2.6　不同家庭收入的大学生消费行为的差异

以家庭收入作为自变量，进行单因素方差分析，其在消费行为

---

[1]　石庆新，傅安洲. 当代大学生网购成瘾倾向的现状调查 [J]. 当代青年研究，
2016（1）.

的四个因素上均存在主效应。对这四个因素进行事后检验，结果见表3－13。可以发现，在求实性消费维度上，来自收入很低和较低家庭的大学生比来自中高收入家庭大学生存在更多的求实性消费行为。可见，大学生的求实性消费大体上与其家庭收入呈反方向变化，也就是说，家庭收入越低的大学生越倾向于求实性消费。在攀比性消费上，来自中等收入家庭的大学生得分显著高于来自收入较低家庭的大学生。在超前性消费上，家长收入很低的大学生与家长收入较低、中等、较高、很高家庭的大学生均存在显著差异，收入最低家庭的大学生的超前性消费均高于其他家庭的大学生。在冲动性消费上，中等收入家庭的大学生的冲动性消费显著高于低收入家庭的大学生，收入较高家庭大学生的冲动性消费也高于低收入家庭的大学生，同时，中等收入家庭大学生的冲动性消费也高于很高家庭的大学生。可见，中高收入家庭的大学生的冲动性消费行为最为突出。这可能与中、高收入家长对孩子的过多溺爱放纵有关，第2章的结果显示，中高收入家庭的家长对子女溺爱放纵的情况比较普遍，这样就使得子女对金钱毫不珍惜，经常出现一时兴起的冲动性消费。

表3－13　　　　不同家庭收入的大学生消费行为的差异分析

消费行为	①很低 (56人)	②较低 (304人)	③中等 (763人)	④较高 (108人)	⑤很高 (40人)	F	事后比较
求实性 消费	4.01 ± 0.88	3.82 ± 0.69	3.70 ± 0.62	3.67 ± 0.67	3.81 ± 0.63	4.75**	①>③>④， ②>③>④
攀比性 消费	1.71 ± 0.68	1.69 ± 0.55	1.87 ± 0.64	1.77 ± 0.63	1.83 ± 0.56	5.04**	③>②
超前性 消费	1.76 ± 0.67	1.49 ± 0.61	1.57 ± 0.66	1.53 ± 0.63	1.50 ± 0.56	2.35	①>②，①>③， ①>④，①>⑤
冲动性 消费	1.98 ± 0.86	2.25 ± 0.80	2.48 ± 0.82	2.46 ± 0.87	2.18 ± 0.82	9.15**	③>②>①， ④>②>①， ③>⑤

注：**代表差异极其显著。

3.2.2.7　不同家长年龄的大学生消费行为的差异

由表 3 – 14 可知，家长年龄对大学生消费行为具有显著的影响。以家长年龄作为自变量，进行单因素方差分析，其在求实性消费、攀比性消费、超前性消费三个因素上均存在主效应。对这三个因素进行事后检验，结果见表 3 – 14。在求实性消费上，家长为 40 岁以下的大学生的求实性消费显著高于 40～50 岁的大学生；在攀比性消费上，家长为 40 岁以下的大学生的攀比性消费显著高于家长为其他年龄段的大学生；在超前性消费上，40 岁以下 > 40～50 岁 > 50 岁以上，呈现家长年龄越年轻、超前性消费越多的特点。40 岁以下的家长往往正处于生活的困顿期和事业的爬坡期。生活上他们上有老、下有小，一方面要赡养老人，另一方面还要抚养子女，经济负担较为沉重。工作上他们正是单位的骨干，承受着较为繁重的工作任务和较大的心理压力。生活的困顿和拮据，使他们的子女出现更多的求实性消费，在入不敷出时，还可能出现多于其他年龄段家长的超前性消费。家长处在事业爬坡期，对未来抱有积极的希望和期待，因而各方面想表现得更好，不能落于人后，这种观念反映在子女的消费方面就会产生较多的攀比性消费行为。

表 3 – 14　　不同家长年龄的大学生消费行为的差异分析

消费行为	①40 岁以下 （60 人）	②40～50 岁 （1011 人）	③50 岁以上 （200 人）	F	事后比较
求实性消费	3.96 ± 0.57	3.72 ± 0.66	3.79 ± 0.65	4.30 *	① > ②
攀比性消费	2.10 ± 0.62	1.79 ± 0.62	1.82 ± 0.61	6.90 **	① > ②，① > ③
超前性消费	1.75 ± 0.63	1.56 ± 0.65	1.43 ± 0.57	6.44 **	① > ② > ③
冲动性消费	2.45 ± 0.70	2.37 ± 0.84	2.47 ± 0.82	1.23	

注：* 代表差异显著，** 代表差异极其显著。

3.2.2.8　不同家长学历的大学生消费行为的差异

以家长学历作为自变量，进行单因素方差分析，其在攀比性消费、超前性消费两个因素上均存在主效应。对这两个因素进行事后检验，结果见表 3 - 15。家长学历为大学及以上的大学生的攀比性消费显著高于其他大学生；超前性消费方面，呈现"两头高中间低"的特征，家长为小学学历和大学及以上学历的大学生显著高于初高中学历的大学生。家长学历为大学及以上的大学生，往往家庭条件较好，他们的优越感和自尊感也更强，在日常消费中会出现与周围同学不由自主地比较，消费中也会较为在意别人的看法，倾向于通过消费来维护自尊、赢得面子，就会出现更多的攀比性消费行为。在超前性消费方面，家长为大学及以上学历和家长为小学学历的大学生比其他大学生的得分都高，这主要是因为家长学历为小学的大学生，他们家境往往不如其他同学，他们对金钱更充满渴望，在经济拮据情况下极易通过借贷的超前性消费满足自己的愿望。家长学历为大学及以上的大学生，他们的家境较好，往往并不缺钱，他们出现超前性消费更可能出于攀比性消费的驱使，为了显示自身的优越感和自尊，会花费更多的钱进行消费，当囊中羞涩时就可能更多采用超前性消费来满足自身的需要和愿望。

表 3 - 15　　　　不同家长学历的大学生消费行为的差异分析

消费行为	①小学 (120 人)	②初中 (487 人)	③高中 (368 人)	④大学及以上 (296 人)	F	事后比较
求实性消费	3.59 ± 0.84	3.77 ± 0.64	3.76 ± 0.60	3.74 ± 0.66	2.49	
攀比性消费	1.74 ± 0.77	1.80 ± 0.56	1.77 ± 0.63	1.91 ± 0.64	3.38 *	④>①，④>②，④>③
超前性消费	1.77 ± 0.82	1.52 ± 0.58	1.43 ± 0.54	1.66 ± 0.73	11.91 **	①>②>③，④>②>③
冲动性消费	2.33 ± 0.80	2.42 ± 0.88	2.35 ± 0.81	2.42 ± 0.79	0.87	

注：* 代表差异显著，** 代表差异极其显著。

第4章　家庭理财教育与大学生消费行为的相关研究

4.1　家庭理财教育与大学生消费行为的相关因素

4.1.1　大学生的金钱态度

4.1.1.1　金钱态度的内涵概述

国外学者主要基于"象征意义"界定金钱态度。沃尼蒙特等（Wernimont et al.）认为，金钱既象征着成功与失败，也象征着一个人被社会的接受度。[①] 克鲁格（Krueger）进一步对金钱的意义进行阐释：其一，金钱是社会交往的媒介，是人们进行物质交换的载体；其二，金钱影响了人们的价值观与处事态度；其三，在某些情况下，人们会把金钱看作是情感的转移物。[②] 山内等（Yamauchi et al.）将金钱态度的内涵加以整合和概括，他们认为金钱态度是个

---

① Wernimont P. F., Fitzpatrick S. The meaning of money [J]. Journal of Applied Psychology, 1972, 56 (3)：218.

② Krueger D. W. Money meanings and madness：A psychoanalytic perspective [J]. Psychoanalytic Review, 1991, 78 (2)：209 – 224.

人对金钱概念、金钱意义、金钱伦理等各方面的整体认知与看法。[①]
国内学者主要基于"价值评价"视角对金钱态度展开探讨。蔡瑞华
认为，金钱态度是人们对金钱相关的事物与行为的价值取向，囊括
了金钱行为评价、感觉等各方面的内容。[②]

综上所述，学界普遍认为，金钱态度是指个人对金钱及相关事
物所持的一种相当持久且一致的行为倾向，包含对事物的评价、感
觉及反应。人们赋予了金钱的价值，从认识金钱物质，到领悟金钱
所代表的抽象涵义，人们对金钱的态度会发生转变，也会产生不同
的行为倾向。对金钱态度的测量主要以山内和坦普勒（Yamauchi &
Templer）的金钱态度量表（MAS）为主。该量表被国内众多研究
广泛采用，本书对金钱态度的测量也采用 MAS 量表。金钱态度量
表（MAS）将金钱态度分为四个维度：权力—名望、不信任、忧
虑、保持时间。（1）权力—名望：该维度是指把金钱作为影响他人
及衡量成功的工具。如果人们对此维度的评价高，代表他们视金钱
为一种可影响他人的工具，且将金钱作为成功的重要标志。（2）不
信任：该维度是指对使用金钱时保持多疑的态度。如果人们对此维
度的评价高，意味着当一提到花钱，他们会犹豫、怀疑及困扰。
（3）忧虑：该维度是指将金钱视为忧虑的来源，也是免于忧虑的来
源。如果人们对此维度评价高，代表这些人将金钱视为忧虑来源，
也是免于忧虑的来源。（4）保持时间：该维度是指未来财务资源的
规划和谨慎使用金钱。如果在此维度的得分高，代表会更谨慎地进
行财务规划。对保持时间的态度会影响消费者的边际储蓄倾向和边

---

① Yamauchi K. T., Templer D. I. The development of a money attitude scale [J]. Journal of Personality Assessment, 1982, 46: 522 – 528.

② 蔡瑞华. 台北市国中生的金钱态度之研究 [D]. 台湾师范大学, 2000.

际消费倾向。[①] 本书中金钱态度的内部一致性系数为 0.80，表明该问卷具有较好的信度。其中，权利—名望、不信任、忧虑和保持时间四个维度的内部一致性信度系数在 0.69～0.81 之间。同时，采用验证性因素分析考察理论模型与实际数据模型的拟合程度，其中 $x^2/df=4.001$（<5），$RMSEA=0.063$（<0.08），相关的拟合指数 TLI、NFI、CFI 的值均在 0.90 以上，说明数据模型与理论构想之间的拟合程度较好，该问卷表现出较好的结构效度。

　　金钱态度的影响因素。首先，金钱在性别上具有显著的差异。格雷沙姆和芬提诺特（Gresham & Fontenot）在研究中发现，男性在金钱态度的权力—声望、忧虑、不信任以及品质维度上的得分比女性要高。[②] 其次，年龄对个体的金钱态度也具有重要的影响。唐（Tang）的研究发现，随着年龄的增大，人们会越来越倾向于做更多、更细的预算，并且减少对金钱及其相关的事物的负面态度。年轻人在花钱上更为粗心，教育水平较高的人倾向于对金钱具有更强的控制感并且表现出更少的金钱焦虑。[③] 再次，父母学历和地位对日后子女的金钱态度会产生一定的影响。研究表明，如果父母未接受过高等教育，他们的子女会被金钱困扰，或因金钱产生冲突。邱宜箴的研究发现，没有较高社会地位的父母，他们的子女对金钱更着迷。[④] 结合大多数的研究来看，中产阶级家庭的子女受到金钱态度方面的影响，相对是较为正面的。最后，人格特质对金钱态度具

　　① 赵敏. 大学生人格特质对冲动性购买行为的影响：金钱态度的中介作用 [D]. 河南大学，2018.

　　② Gresham A., & Fontenot G. The differing attitudes of the sexes toward money：An application of the money attitude scale [J]. Advances in Marketing, 1989：380-384.

　　③ Tang L. P. The meaning of money revisited [J]. Journal of Organizational Behavior, 1992, 13（2），197-202.

　　④ 邱宜箴. 国小学童金钱态度量表编制及理论模式验证 [D]. 台中师范学院，2003.

有重要的影响。贝利和古斯塔夫森（Bailey & Gustafson）的研究表明，人格因素中的情绪稳定性和敏感性可以预测困扰、不充分和维持这三个维度。

4.1.1.2　大学生的金钱态度的特征研究

（1）大学生金钱态度的总体特征。金钱态度包含权力—名望、不信任、忧虑和保持时间四个维度。表4-1数据结果显示，大学生在"保持时间"这个维度上的得分最高，在"权力—名望"这个维度上得分最低，各维度平均值的大小顺序依次为：保持时间（因素4）>忧虑（因素3）>不信任（因素2）>权力—名望（因素1）。保持时间维度得分高，说明大多数大学生对未来财务资源有一定的规划，能够更谨慎地使用金钱。这表明当代大学生的金钱态度总体而言是健康和积极向上的。

表4-1　　　　　　　大学生金钱态度的一般特点分析

金钱态度	人数	最小值	最大值	平均数	标准差
权力—名望	1 271	1.00	5.00	1.92	0.72
不信任	1 271	1.00	5.00	2.94	0.78
忧虑	1 271	1.00	5.00	3.00	0.77
保持时间	1 271	1.00	5.00	3.42	0.69

（2）大学生金钱态度的性别差异。由表4-2可以看出，当代大学生金钱态度具有显著的性别差异。男生在权力—名望、不信任两个维度上显著高于女生，而女生在忧虑、保持时间两个维度上显著高于男生。换而言之，相较于女生，男生更容易把金钱视作权力—名望的象征，男生消费时对价格更加敏感；而相较于男生，女生更容易将金钱视为产生和祛除忧虑的原因，女生更容易因缺钱而发愁，也常常借用花钱而消愁，女生也更善于做未来的财务规划和谨慎地使用金钱。

表 4 - 2　　　　　　大学生金钱态度的性别差异分析

金钱态度	性别	人数	平均数	标准差	F	Sig.
权力—名望	男	435	2.08	0.78	8.51**	0.00
	女	836	1.84	0.67		
不信任	男	435	3.05	0.87	10.49**	0.00
	女	836	2.89	0.73		
忧虑	男	435	2.97	0.85	7.51**	0.00
	女	836	3.02	0.72		
保持时间	男	435	3.41	0.72	11.09**	0.00
	女	836	3.43	0.67		

注：** 代表差异极其显著。

（3）大学生金钱态度的专业差异。由表 4 - 3 可以看出，大学生金钱态度在专业方面存在显著的差异。在不信任和忧虑方面，文科大学生显著高于理工科大学生。相较于理工科大学生，文科大学生在对待金钱方面有更多的犹豫和困扰，他们对于商品的价格往往更为敏感，同时，文科大学生也更容易因为缺钱而产生焦虑，他们也更习惯于运用花费金钱的方式减轻忧愁和烦恼。

表 4 - 3　　　　　　大学生金钱态度的性别差异分析

金钱态度	性别	人数	平均数	标准差	F	Sig.
权力—名望	文科	516	1.91	0.75	3.09	0.07
	理工科	755	1.93	0.69		
不信任	文科	516	2.99	0.73	5.31*	0.02
	理工科	755	2.91	0.82		
忧虑	文科	516	3.09	0.70	11.10**	0.00
	理工科	755	2.94	0.80		
保持时间	文科	516	3.47	0.68	0.02	0.86
	理工科	755	3.39	0.69		

注：* 代表差异显著，** 代表差异极其显著。

（4）大学生金钱态度在年级上的差异。以不同年级作为自变量，进行单因素方差分析，其在忧虑因素上存在主效应。对这一因素进行事后检验，结果见表 4 - 4。可以发现，在忧虑维度上，二年级大学生显著高于一年级大学生，三年级大学生显著高于一年级大学生，四个年级大学生得分情况为：二年级大学生 > 三年级大学生 > 四年级大学生 > 一年级大学生。由上述可知，大二和大三学生在忧虑维度的得分较高，也就是说，与其他年级相比，大二和大三学生很容易因金钱而忧虑，他们可能因为没钱而发愁，更可能通过冲动性花钱而消愁。

表 4 - 4　　　　　　大学生金钱态度的年级差异（n = 1 271）

金钱态度	①大一 (348 人)	②大二 (373 人)	③大三 (282 人)	④大四 (268 人)	F	事后比较
权力—名望	1.91 ± 0.69	1.96 ± 0.75	1.94 ± 0.73	1.87 ± 0.68	0.87	
不信任	2.99 ± 0.84	2.86 ± 0.72	2.99 ± 0.78	2.94 ± 0.78	2.00	
忧虑	2.92 ± 0.81	3.06 ± 0.70	3.05 ± 0.78	2.96 ± 0.77	2.74 *	② > ①， ③ > ①
保持时间	3.36 ± 0.74	3.47 ± 0.64	3.39 ± 0.72	3.46 ± 0.63	2.10	

注：* 代表差异显著。

（5）不同家庭收入的大学生消费行为的差异。以家长收入作为自变量，进行单因素方差分析，其在大学生金钱态度的四个因素上均存在主效应。对这四个因素进行事后检验，结果见表 4 - 5。可以发现，在权力—名望维度上，来自中高收入家庭的大学生比来自低收入家庭的大学生更容易将金钱视作权力和身份的象征。在不信任维度上，来自低收入家庭的大学生比来自中等收入家庭的大学生更容易对金钱保持多疑的态度。在忧虑维度上，低收入家庭的大学生比其他收入水平家庭的大学生更容易将金钱视作忧虑的来源，也更容易冲动地花钱消愁。在保持时间维度上，低收入家庭的大学生比其他收入水平家庭的大学生会更谨慎地进行财务规划和有节制地花钱。

表 4 - 5　　　　　不同家庭收入的大学生消费行为的差异分析

金钱态度	①很低 (56 人)	②较低 (304 人)	③中等 (763 人)	④较高 (108 人)	⑤很高 (40 人)	F	事后比较
权力—名望	1.70 ± 0.78	1.83 ± 0.69	1.96 ± 0.69	2.07 ± 0.89	1.86 ± 0.72	4.16 **	③ > ①，④ > ①， ③ > ②，④ > ②

续表

金钱态度	①很低 (56 人)	②较低 (304 人)	③中等 (763 人)	④较高 (108 人)	⑤很高 (40 人)	F	事后比较
不信任	3.12 ± 0.81	3.05 ± 0.77	2.89 ± 0.73	2.94 ± 0.78	2.87 ± 0.69	2.97 *	①>③, ②>③
忧虑	3.41 ± 0.82	2.87 ± 0.71	3.02 ± 0.72	3.03 ± 0.84	3.00 ± 0.77	6.50 **	①>③>②, ①>④, ①>⑤
保持时间	3.87 ± 0.88	3.37 ± 0.74	3.40 ± 0.63	3.48 ± 0.70	3.46 ± 0.70	6.85 **	①>②, ①>③, ①>④, ①>⑤

注: * 代表差异显著, ** 代表差异极其显著。

（6）不同家长年龄的大学生金钱态度的差异。研究结果显示，家长年龄对大学生金钱态度具有显著的影响。以家长年龄作为自变量，进行单因素方差分析，其在不信任、忧虑和保持时间三个因素上均存在主效应。对这三个因素进行事后检验，结果见表4-6。在不信任维度上，家长在40岁以下的大学生比家长在其他年龄段的大学生更容易产生对金钱的多疑态度，他们购物对价格更敏感，花钱时会出现犹豫现象，也会为花钱而心疼。在忧虑维度上，家长为50岁以上的大学生比家长年龄小的大学生更容易对金钱忧虑，为没钱而发愁，也会更多出现通过花钱来消愁。在保持时间维度上，家长年龄为40~50岁的大学生比家长为其他年龄段的大学生更注重进行财务规划和谨慎使用金钱。

表4-6　　　　不同家长年龄的大学生金钱态度的差异分析

金钱态度	①40 岁以下 (60 人)	②40~50 岁 (1 011 人)	③50 岁以上 (200 人)	F	事后比较
权力—名望	1.78 ±0.59	1.92 ±0.71	1.97 ±0.76	1.52	
不信任	3.18 ±0.57	2.95 ±0.80	2.84 ±0.70	4.40 *	①>②, ①>③
忧虑	2.82 ±0.64	2.98 ±0.78	3.14 ±0.73	4.95 **	③>①, ③>②
保持时间	3.68 ±0.40	3.37 ±0.70	3.58 ±0.65	11.61 **	①>②, ③>②

注: * 代表差异显著, ** 代表差异极其显著。

（7）不同家长学历的大学生金钱态度的差异。以家长学历作为自变量，进行单因素方差分析，其在权利名望、保持时间两个因素上均存在主效应。对这两个因素进行事后检验，结果见表4-7。家长学历为大学及以上的大学生的权利—名望得分显著高于其他大学生；在保持时间维度上，家长学历为大学及以上的大学生的保持时间得分显著高于家长学历为初高中的大学生。

表4-7　　　　　不同家长学历的大学生金钱态度的差异分析

金钱态度	①小学（120 人）	②初中（487 人）	③高中（368 人）	④大学及以上（296 人）	F	事后比较
权力—名望	1.62±0.71	1.94±0.68	1.83±0.72	2.12±0.72	17.36**	④>②>③>①
不信任	2.94±0.79	2.96±0.81	2.87±0.77	3.00±0.75	1.57	
忧虑	3.02±0.81	2.95±0.76	2.99±0.73	3.09±0.79	2.15	
保持时间	3.40±0.85	3.38±0.72	3.40±0.59	3.52±0.65	2.97*	④>②，④>③

4.1.2　大学生的物质主义价值观

4.1.2.1　物质主义的内涵概述

学界主要从人格、价值观、动机三个视角对物质主义开展研究。就人格角度而言，贝尔克（Belk）将物质主义描述为消费者对于世俗金钱的一种重视程度，在他的研究中人格被划分为三种类型，分别是占有、嫉妒、不慷慨。占有是指对于物质生产资料的欲望与控制权；嫉妒是个体对于他人获得财物和成功后产生的负面情绪；不慷慨是吝啬与他人进行分享。[①] 就价值观角度而言，持有此

---

① Belk R. W. Three scales to measure constructs related to materialism：Reliability, validity, and relationships to other measures of happiness [J]. Adv ConsRes, 1984, 11 (1), 291 - 297.

观点者强调物质财富的重要性，认为金钱财富可以带来幸福与快乐，还可以带来社会阶级地位的提升。瑞金斯和道森（Richins & Dawson）认为，物质主义是个人的价值取向，持有物质主义价值观的人具有三个特点：认为生活的中心在于获取和拥有财物；相信生活的满足感和幸福感源自财物的获得；评判自己和他人成功的关键是所拥有财物的数量和质量。① 就动机角度而言，物质主义被划分为工具性和终极性两种类型。② 工具性物质主义是指个体将获取物质财富视为一种手段，通过获得财物来提升自己的社会地位、价值身份；终极性物质主义是指人们将获得物质金钱视作达成目标以及实现自我价值的一种方式。③

　　本书采用瑞金斯和道森对物质主义的定义，即物质主义是一种个人的价值观，用来强调物质财富的重要程度。瑞金斯和道森编制了物质主义价值观量表。该量表被划分为三个维度，分别是财物成功、获取中心和获取快乐。财物成功是指用物质财富去定义人生是否成功；获取中心是指获取物质财富是否为生活的中心；获取快乐是指获取物质财富是否为快乐的源泉。该量表包括 18 个题目，五点计分。本书中物质主义的内部一致性系数等于 0.76，表明该问卷具有较好的信度。同时，采用验证性因素分析考察理论模型与实际数据模型的拟合程度，其中 $x^2/df = 3.067$（<5），RMSEA $= 0.072$（<0.08），相关的拟合指数 TLI、NFI、CFI 的值均在 0.90 以上，说明数据模型与理论构想之间的拟合程度较好，该问卷具有较好的

　　① Richins M. L., Daw son S. A consumer values orientation for materialism and its meas-urement：Scale development and validation [J]. J ConsRes, 1992, 19 (4)：303 – 316.

　　② Csikszentmihalyi M., Rochberg-Halton E. The meaning of things：Domestic symbols and the self [J]. Contemporary Sociology, 1981, 12 (4)：689 – 690.

　　③ Shrum L. J., Wong N., Arif F., et al. Reconceptualizing materialism as identity goal purs uits：Functions, processes, and consequences [J]. Journal of Business Research, 2013, 66 (8)：1179 – 1185.

结构效度。

物质主义价值观的影响因素。首先，家庭社会经济地位影响着个体的物质主义水平。家庭社会经济地位（简称 SES）用以衡量个体的家庭背景和社会资本，主要包括家庭收入、父母的职业和受教育水平等指标。来自西方社会的研究结果显示，个体的物质主义水平与其困窘的家庭条件显著相关，SES 越低，青少年的物质主义水平越高。[1] 贝克等（Baker et al.）认为，家庭破裂既影响孩子获得有形资源，也影响其获得无形资源，从而使得孩子倾向于物质主义和强迫性购买。[2] 其次，家庭教养方式也对子女的物质主义产生影响。凯撒等（Kasser et al.）的研究认为，由非养育型（如冷漠、控制、拒绝）的父母抚养大的孩子更容易在青春期表现出物质主义价值观取向。[3] 在中国，父母拒绝型教养方式同样与青少年的物质主义呈显著正相关。[4] 最后，家庭通过其提供的有形资源和无形资源影响着青少年的物质主义价值观。低社会经济地位家庭给孩子提供的有形资源相对较少，孩子生活在困顿中，产生了经济上的不安全感，长大后以物质富有为目标，追求经济上的成功，成为高物质主义者。而成长于家庭破裂、父母离异以及父母教养方式较为冷

---

① Roberts J. A., Manolis C., & Tanner J. F. Family structure, materialism, and compulsive buying: A reinquiry and extension [J]. Journal of the Academy of Marketing Science, 2003, 31: 300–311.

② Baker A. M., Moschis G. P., Benmoyal-Bouzaglo S., & dos Santos C. P. How family resources affect materialism and compulsive buying: A cross-country life course perspective [J]. Cross-Cultural Research, 2013, 47: 335–362.

③ Kasser T., Ryan R. M., Zax M., & Sameroff A. J. The relations of maternal and social environments to late adolescents' materialistic and prosocial values [J]. Developmental Psychology, 1995, 31: 907–914.

④ Fu X. Y., Kou Y., & Yang Y. Materialistic values among Chinese adolescents: Effects of parental rejection and self-esteem [J]. Child & Youth Care Forum, 2015, 44: 43–57.

漠、拒绝型家庭中的青少年，由于家庭无法提供足够的无形资源，导致青少年缺乏亲情和关爱，产生人际关系上的不安全感，转而通过外在物质的获取来进行弥补，从而内化了物质主义价值观。[①]

4.1.2.2　大学生物质主义价值观的特征研究

（1）大学生物质主义价值观的总体特征。物质主义价值观可划分为财物成功、获取中心和获取快乐三个维度。表 4 - 8 数据结果显示，大学生在"获取快乐"这个维度上的得分最高，在"财物成功"这个维度上得分最低，各维度平均值的大小顺序依次为：快乐（因素 3）＞中心（因素 2）＞成功（因素 1）。

表 4 - 8　　大学生物质主义价值观的一般特点分析

物质主义	人数	最小值	最大值	平均数	标准差
成功	1 271	1.00	4.20	2.95	0.61
中心	1 271	1.86	5.00	3.05	0.46
快乐	1 271	1.83	4.67	3.10	0.45

（2）大学生物质主义价值观的专业差异。由表 4 - 9 可以看出，大学生物质主义价值观在专业方面存在显著的差异。具体表现为在快乐维度方面，文科大学生的得分显著高于理工科大学生。换而言之，文科大学生比理工科大学生更多地将获取物质财富作为快乐的来源。

表 4 - 9　　大学生物质主义价值观的专业差异分析

物质主义	性别	人数	平均数	标准差	F	Sig.
成功	文科	516	3.00	0.62	1.56	0.21
	理工科	755	2.92	0.60		

① 蒋奖，曾陶然，杨淇，等．青少年物质主义的成因、测量与干预［J］．心理科学进展，2016（8）：1266 - 1278．

续表

物质主义	性别	人数	平均数	标准差	F	Sig.
中心	文科	516	3.06	0.47	1.84	0.17
	理工科	755	3.04	0.45		
快乐	文科	516	3.12	0.42	5.10*	0.02
	理工科	755	3.09	0.47		

注：*代表差异显著。

（3）大学生物质主义价值观在是否独生上的差异。由表4-10可以看出，大学生物质主义在专业方面存在显著的差异。在成功、和快乐两个维度上，独生子女大学生显著高于非独生子女大学生。也就是说，较之于非独生子女大学生，独生子女大学生更容易将获取和占有物质视作成功的象征和快乐的源泉。

表4-10 大学生物质主义价值观在是否独生上的差异分析

物质主义	是否独生	人数	平均数	标准差	F	Sig.
成功	是	280	3.04	0.54	7.61**	0.00
	否	991	2.93	0.62		
中心	是	280	3.08	0.44	0.08	0.76
	否	991	3.04	0.46		
快乐	是	280	3.11	0.43	7.96**	0.00
	否	991	3.10	0.46		

注：**代表差异极其显著。

（4）大学生物质主义价值观在年级上的差异。以不同年级作为自变量，进行单因素方差分析，其在成功因素上存在主效应。对这一因素进行事后检验，结果见表4-11。可以发现，在成功维度上，二、三、四年级大学生都显著高于一年级大学生，四个年级大学生在成功维度上的得分由高到低依次是：二年级大学生＞三年级大学生＞四年级大学生＞一年级大学生。由上述可知，大二学生在成功维度上的得分最高，也就是说，与其他年级相比，大二学生以获取和占有物质视作成功的价值倾向最为突出。

表 4 - 11　大学生物质主义价值观的年级差异分析（n = 1 271）

物质主义	①大一 (348 人)	②大二 (373 人)	③大三 (282 人)	④大四 (268 人)	F	事后比较
成功	2.85 ± 0.62	3.00 ± 0.58	2.99 ± 0.65	2.98 ± 0.56	4.87 **	②>①, ③>①, ④>①
中心	3.07 ± 0.47	3.05 ± 0.48	3.03 ± 0.41	3.05 ± 0.46	0.55	
快乐	3.09 ± 0.46	3.13 ± 0.42	3.12 ± 0.48	3.06 ± 0.44	1.28	

注：** 代表差异极其显著。

（5）不同家庭收入的大学生物质主义价值观的差异。以家长收入作为自变量，进行单因素方差分析，其在物质主义价值观的成功和中心两个因素上均存在主效应。对这两个因素进行事后检验，结果见表 4 - 12。可以发现，在成功维度上，来自收入很低家庭的大学生的得分比来自中高收入家庭的大学生得分都更高。可见，家庭收入很低的大学生具有更强烈的将获取和占有物质视作成功的价值倾向。在中心维度上，来自收入很低家庭的大学生的得分比来自中高收入家庭的大学生得分都更高。可见，家庭收入很低的大学生具有更强烈的将获取和占有物质视作生活中心的价值倾向。

表 4 - 12　不同家庭收入的大学生物质主义价值观的差异分析

物质主义	①很低 (56 人)	②较低 (304 人)	③中等 (763 人)	④较高 (108 人)	⑤很高 (40 人)	F	事后比较
成功	3.17 ± 0.63	2.88 ± 0.65	2.97 ± 0.58	2.94 ± 0.61	2.86 ± 0.68	3.18 *	①>③>②, ①>④, ①>⑤
中心	3.35 ± 0.67	3.00 ± 0.44	3.04 ± 0.44	3.08 ± 0.49	3.03 ± 0.44	7.25 **	①>②, ①>③, ①>④, ①>⑤
快乐	3.22 ± 0.57	3.14 ± 0.47	3.08 ± 0.43	3.10 ± 0.47	3.09 ± 0.53	1.90	

注：* 代表差异显著，** 代表差异极其显著。

（6）不同家长年龄的大学生物质主义价值观的差异。由表 4 - 13 可知，家长年龄对大学生物质主义价值观具有显著的影响。以家长年龄作为自变量，进行单因素方差分析，其在成功因素上存在

主效应。对这一因素进行事后检验，结果见表4-13。在成功维度
上，得分从高到低依次为40~50岁>50岁以上>40岁以下，可见，
家长在40~50岁的大学生将物质视作成功的价值观念最为强烈。

表4-13　　　不同家长年龄的大学生物质主义的差异分析

物质主义	①40岁以下 （60人）	②40~50岁 （1011人）	③50岁以上 （200人）	F	事后比较
成功	2.61 ± 0.63	2.99 ± 0.69	2.84 ± 0.66	15.40 **	② > ③ > ①
中心	3.08 ± 0.54	3.05 ± 0.47	3.03 ± 0.36	0.26	
快乐	3.00 ± 0.52	3.11 ± 0.45	3.11 ± 0.44	1.82	

注：** 代表差异极其显著。

（7）不同家长学历的大学生物质主义的差异。以家长学历作为
自变量，进行单因素方差分析，其在中心、快乐两个因素上均存在主
效应。对这两个因素进行事后检验，结果见表4-14。在中心维度
上，家长学历为高中的大学生的得分均低于其他大学生；在快乐维度
上，家长学历为大学及以上的大学生的得分均低于其他大学生。

表4-14　　　不同家长学历的大学生物质主义的差异分析

物质主义	①小学 （120人）	②初中 （487人）	③高中 （368人）	④大学及以上 （296人）	F	事后比较
成功	2.88 ± 0.65	2.94 ± 0.60	2.92 ± 0.57	3.03 ± 0.64	2.53	
中心	3.04 ± 0.42	3.10 ± 0.47	2.96 ± 0.43	3.07 ± 0.48	7.32 **	② > ③， ④ > ③
快乐	3.06 ± 0.51	3.14 ± 0.45	3.13 ± 0.46	3.04 ± 0.41	3.05 *	② > ④， ③ > ④

注：* 代表差异显著，** 代表差异极其显著。

4.2　家庭理财教育与大学生消费行为的相关分析

4.2.1　家庭理财教育与大学生求实性消费的关系分析

将家庭理财教育及其四个维度与金钱态度、物质主义价值观、

求实性消费进行相关分析（见表 4 - 15），结果显示，大学生求实性消费行为与溺爱放纵型理财教育方式和焦虑牢骚型理财教育呈显著负相关，而与教育引导型理财教育方式和干预控制型理财教育方式的相关程度未达到显著水平。同时，求实性消费行为与物质主义价值观呈显著负相关，与金钱态度的相关程度未达到显著水平。

表 4 - 15　　家庭理财教育与大学生求实性消费的相关分析

维度	家庭理财教育	教育引导	溺爱放纵	干预控制	焦虑牢骚	金钱态度	物质主义
教育引导	0.61 **						
溺爱放纵	0.26 **	0.00					
干预控制	0.66 **	0.33 **	- 0.31 **				
焦虑牢骚	0.54 **	- 0.04	- 0.20 **	0.42 **			
金钱态度	0.17 **	- 0.10 **	0.11 **	0.10 **	0.25 **		
物质主义	0.01	- 0.15 **	0.13 **	- 0.04	0.09 **	0.42 **	
求实性消费	- 0.20 **	0.01	- 0.13 **	- 0.06	- 0.21 **	0.09 **	- 0.27 **

注：** 代表差异极其显著。

4.2.2　家庭理财教育与大学生攀比性消费的关系分析

将家庭理财教育及其四个维度与物质主义价值观、金钱态度、攀比性消费进行相关分析（见表 4 - 16），结果显示，大学生攀比性消费行为与溺爱放纵型理财教育方式、焦虑牢骚型理财教育方式、物质主义价值观和金钱态度都具有显著的正相关；其与教育引导型理财教育方式、干预控制型理财教育方式的相关未达到显著水平。

表 4 - 16　　家庭理财教育与大学生攀比性消费的相关分析

维度	家庭理财教育	教育引导	溺爱放纵	干预控制	焦虑牢骚	物质主义	金钱态度
教育引导	0.61 **						
溺爱放纵	0.26 **	0.01					

续表

维度	家庭理财教育	教育引导	溺爱放纵	干预控制	焦虑牢骚	物质主义	金钱态度
干预控制	0.66 **	0.33 **	− 0.31 **				
焦虑牢骚	0.54 **	− 0.04	− 0.20 **	0.42 **			
物质主义	0.01	− 0.15 **	0.13 **	− 0.04	0.09 **		
金钱态度	0.17 **	− 0.10 **	0.11 **	0.10 **	0.25 **	0.42 **	
攀比性消费	0.34 **	0.06	0.28 **	0.04	0.30 **	0.31 **	0.24 **

注：** 代表差异极其显著。

4.2.3 家庭理财教育与大学生超前性消费的关系分析

将家庭理财教育及其四个维度与物质主义价值观、金钱态度、超前性消费进行相关分析（见表 4 – 17），结果显示，大学生超前性消费行为与干预控制型理财教育方式、焦虑牢骚型理财教育方式都具有显著的正相关。

表 4 – 17　家庭理财教育与大学生超前性消费的相关分析

维度	家庭理财教育	教育引导	溺爱放纵	干预控制	焦虑牢骚	物质主义	金钱态度
教育引导	0.61 **						
溺爱放纵	0.26 **	0.01					
干预控制	0.66 **	0.33 **	− 0.31 **				
焦虑牢骚	0.54 **	− 0.04	− 0.20 **	0.42 **			
物质主义	0.01	− 0.15 **	0.13 **	− 0.04	0.09 **		
金钱态度	0.17 **	− 0.10 **	0.11 **	0.10 **	0.25 **	0.42 **	
超前性消费	0.29 **	0.08 **	0.04	0.12 *	0.35 **	0.08 **	0.06

注：* 代表差异显著，** 代表差异极其显著。

4.2.4 家庭理财教育与大学生冲动性消费的关系分析

将家庭理财教育及其四个维度与物质主义价值观、金钱态度、

冲动性消费进行相关分析（见表 4 - 18），结果显示，大学生冲动
性消费行为与溺爱放纵型理财教育方式、焦虑牢骚型理财教育方
式、物质主义价值观和金钱态度都具有显著的正相关。

表 4 - 18　　家庭理财教育与大学生冲动性消费的相关分析

维度	家庭理财教育	教育引导	溺爱放纵	干预控制	焦虑牢骚	物质主义	金钱态度
教育引导	0. 61 **						
溺爱放纵	0. 26 **	0. 00					
干预控制	0. 66 **	0. 33 **	- 0. 31 **				
焦虑牢骚	0. 54 **	- 0. 04	- 0. 20 **	0. 42 **			
物质主义	0. 01	- 0. 15 **	0. 13 **	- 0. 04	0. 09 **		
金钱态度	0. 17 **	- 0. 10 **	0. 11 **	0. 10 **	0. 25 **	0. 42 **	
冲动性消费	0. 21 **	- 0. 07 **	0. 30 **	0. 03	0. 17 **	0. 41 **	0. 20 **

注：** 代表差异极其显著。

第5章 家庭理财教育对大学生求实性消费的影响研究

　　求实性消费是指追求商品的实用性、服务的可靠性和价格的合理性的消费。本书的调查结果显示，在大学生的诸多消费行为之中，依据各种消费行为得分由高到低依次为：求实性消费、冲动性消费、攀比性消费、超前性消费。可见，尽管大学生群体中存在较多的不良消费行为，但总体而言，大学生的消费还是以求实性消费为最多。在"我买东西要求产品经久耐用、经济实惠"一题中，选择"比较符合"和"完全符合"的受访者达到74%。有75%的受访者表示"我总是根据需要购买物美价廉的商品"，更是有超过85%的受访者承认"我通常购买经济适用的商品"。求实性消费体现了我们中华民族量入为出、勤俭节约的优良传统，也是我们大力倡导的消费方式。大学生的求实性消费行为，需要高校去开展科学的消费教育加以有效疏导，需要大众媒体广泛开展潜移默化的消费文化熏陶，需要大学生朋辈间的榜样示范和良性影响。家庭的因素，包括家庭的收入情况、父母的消费习惯，都会给大学生的消费行为带来潜移默化的影响。① 当然，大学生求实性消费行为也离不

① 李越，陈彦旭. 大学生消费影响因素实证分析［J］. 经济理论与实践，2019（2）：17－28.

开来自家庭的教育与引导。家庭对子女开展的教育方式往往会影响到大学生的消费方式。那么，大学生求实性消费在家庭理财教育方式中怎样才能更有效地形成？不当的理财教育方式是否阻滞求实性消费的形成？家庭理财教育怎样才能更有效地引导大学生的消费行为？这些都成为值得深入关注的现实问题。

5.1　理论推演和假设提出

5.1.1　家庭理财教育对大学生求实性消费的主效应

大学生属于特殊的消费群体，其日常花销大多由家庭供给。因而，家庭对于大学生金钱供给的多少、消费引导的合理与否等是影响大学生消费的重要因素。进而言之，家庭对于大学生在如何花钱和消费方面的教育从根本上影响着大学生的消费行为。吴鲁平指出，父母进行正面消费教育引导的学生的冲动性购买倾向明显低于父母不做任何教育引导的学生。[①]　因而，父母对子女进行适当的消费教育就可能避免子女的冲动性消费行为，而选择更多的求实性消费行为。而父母一味地溺爱放纵，则可能助长子女的不良消费。在生活中，也有不少父母提到钱时，就会在孩子面前抱怨和牢骚，有的父母还会对子女的消费进行干预控制，父母的抱怨和干预可能使孩子产生逆反和烦躁心理，不仅不能产生求实性消费行为，反而助长了不良消费的产生。基于此，本书提出以下假设。

H1a：教育引导型理财教育正向预测大学生求实性消费行为，

---

① 吴鲁平. 中学生冲动性购买倾向研究——对北京、郑州 1 156 名中学生的调查分析 [J]. 中国青年研究, 2010 (2)：16 - 19.

即属于教育引导型理财教育家庭的大学生，他们的求实性消费行为较多。

H1b：溺爱放纵型理财教育负向预测大学生求实性消费行为，即属于溺爱放纵型理财教育家庭的大学生，他们的求实性消费行为较少。

H1c：干预控制型理财教育负向预测大学生求实性消费行为，即属于干预控制型理财教育家庭的大学生，他们的求实性消费行为较少。

H1d：焦虑牢骚型理财教育负向预测大学生求实性消费行为，即属于焦虑牢骚型理财教育家庭的大学生，他们的求实性消费行为较少。

5.1.2 物质主义价值观的中介作用

物质主义通常指一种强调物质拥有、社会声望重要性，以追求和占有物质财富作为生活和行为最高标准的个体价值观。物质主义者以占有物质财富的数量和质量作为成功的象征，他们往往根据消费和占有财物情况来评价个体的社会地位。[1] 具有物质主义价值观的消费者更容易出现冲动性购买行为[2]，而较少出现求实性消费行为。据此，我们假设物质主义价值观对求实性消费行为具有负向预测效应。另外，物质主义价值观又受到家庭教育的重要影响。成长于家庭破裂、父母离异以及父母教养方式较为冷漠、拒绝型家庭中

---

[1]　Manchiraju S., & Krizan Z. What is materialism? Testing two dominant perspectives on materialism in the marketing literature [J]. Management & Marketing Challenges for the Knowledge Society, 2015, 10 (2)：89–102.

[2]　谢晓东，喻承甫，张卫. 大学生物质主义与冲动性购买行为：金钱态度的中介作用 [J]. 应用心理学，2017 (1)：40–48.

的青少年，由于家庭无法提供足够的温暖与呵护，导致青少年缺乏亲情和关爱，产生人际关系上的不安全感，转而通过外在物质的获取来进行弥补，从而内化了物质主义价值观。而温暖、支持型的家庭提供了子女发展所需的无形资源，可以满足孩子自主、关系、胜任等心理需要，促进"核心机能自我"的形成，孩子无需借助物质的手段来标榜自我，提高自信。[①] 凯撒等（Kasser et al.）的研究认为，由非养育型（如冷漠、控制、拒绝）的父母抚养大的孩子更容易在青春期表现出物质主义价值观取向。[②] 在中国，父母拒绝型教养方式同样与青少年的物质主义呈显著正相关。[③] 基于此，本书提出以下假设。

H2a：物质主义价值观在溺爱放纵型家庭理财教育与大学生求实性消费行为的关系中起中介作用。即溺爱放纵型家庭理财教育会强化物质主义价值观，从而消解大学生的求实性消费行为。

H2b：物质主义价值观在焦虑牢骚型家庭理财教育与大学生求实性消费行为的关系中起中介作用。即焦虑牢骚型家庭理财教育会强化物质主义价值观，从而消解大学生的求实性消费行为。

5.1.3　性别的调节作用

有研究表明，大学生消费在性别方面具有显著差异，相较于男

[①] 蒋奖，曾陶然，杨淇，等. 青少年物质主义的成因、测量与干预 ［J］. 心理科学进展，2016（8）：1266 - 1278.

[②] Kasser T. , Ryan R. M. , Zax M. , & Sameroff A. J. The relations of maternal and social environments to late adolescents' materialistic and prosocial values ［J］. Developmental Psychology, 1995, 31: 907 - 914.

[③] Fu X. Y. , Kou Y. , & Yang Y. Materialistic values among Chinese adolescents: Effects of parental rejection and self-esteem ［J］. Child & Youth Care Forum, 2015, 44: 43 - 57.

生，女生更容易产生冲动性消费行为。① 可见，性别的差异可能使大学生消费产生某种程度的差异。当前，在家庭理财教育中，溺爱放纵和焦虑牢骚两种教育方式都易滋长大学生物质主义倾向，在物质主义价值观已经影响到大学生的情况下，很可能因性别的差异，男女大学生群体的消费也会出现不同的特点，女性大学生可能比男性大学生产生更多的求实性消费。基于此，本书提出以下假设。

H3a：性别在溺爱放纵型—物质主义—求实性消费中介模型的后半段发挥负向调节作用。即相比男性大学生，在溺爱放纵型—物质主义—求实性消费中介模型中，物质主义价值观对女性大学生的求实性消费行为的影响更强。

H3b：性别在焦虑牢骚型—物质主义—求实性消费中介模型的后半段发挥负向调节作用。即相比男性大学生，在焦虑牢骚型—物质主义—求实性消费中介模型中，物质主义价值观对女性大学生的求实性消费行为的影响更强。

基于以上研究假设，本书提出如图 5 -1 所示的理论模型。

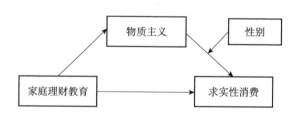

图 5 -1　家庭理财教育影响大学生求实性消费行为的理论模型

---

① 吴鲁平. 中学生冲动性购买倾向研究——对北京、郑州 1156 名中学生的调查分析 [J]. 中国青年研究，2010 (2)：16 -19.

5.2　统计分析流程与数据处理方法

5.2.1　统计分析流程

为了对研究假设展开检验，本章遵循以下统计分析流程。

（1）采用多元回归的方法，在控制变量的条件下，分析自变量"家庭理财教育"及其"教育引导型""溺爱放纵型""干预控制型""焦虑牢骚型"四个维度对因变量"大学生求实性消费"的影响。

（2）采用经典的逐步回归的方法，在控制变量的条件下，分析物质主义价值观在家庭理财教育对大学生求实性消费行为影响中的中介作用，并且采用 Bootstrap 分析法对中介效应进行深入检验。

（3）采用经典的逐步回归的方法，在控制变量的条件下，分析性别在家庭理财教育对大学生消费行为影响中的调节作用，以及本章提出的有调节的中介效应模型，并且采用 Bootstrap 分析法对逐步回归的结果进行验证。

5.2.2　数据处理方法

为了便于统计分析，我们对本章涉及的各变量进行以下处理。

（1）自变量的处理：选取家庭理财教育的统计数据合成的指标作为数据分析的自变量，其中在主效应分析中，分别分析了家庭理财教育四个分维度即"教育引导型""溺爱放纵型""干预控制型""焦虑牢骚型"对大学生消费行为的影响，具体指标的合成方法和信效度指标请参照第 2 章。

（2）因变量的处理：将大学生求实性消费行为分量表的平均分数作为因变量的指标，有关大学生求实性消费行为的题项和信效度指标请参照第 3 章。

（3）中介变量的处理：选取问卷测量的物质主义价值观的平均分作为中介变量，物质主义价值观量表各题项、计分方法和信效度指标请参照第 4 章。

（4）调节变量的处理：选取性别作为调节变量，由于"性别"变量是类别变量，因此对其进行了虚拟变量处理（男 = 1，女 = 0）。

（5）控制变量的处理：为了降低统计分析中的异方差现象，对"家庭所在地""是否独生"等因素进行虚拟变量处理；有关"家长年龄"和"家长文化程度"等的测量直接采用问卷采集的数据进行分析。

5.3　统计分析结果

5.3.1　家庭理财教育对大学生求实性消费的主效应分析

为了验证家庭理财教育对大学生求实性消费影响的主效应，我们将"家庭理财教育"及其四个分维度"教育引导型""溺爱放纵型""干预控制型""焦虑牢骚型"作为自变量，以样本的"性别""年级""家庭所在地""是否独生""家庭收入""家长文化程度"等为控制变量，分析它们对因变量"大学生求实性消费"的影响。

从家庭理财教育对大学生求实性消费的主效应分析可以看出（见表 5 - 1），家庭理财教育对大学生求实性消费行为的影响显著

（$\beta = -0.21$，$p < 0.01$，模型 1），此结果表明，当前大学生群体中出现的求实性消费行为与其接受的家庭理财教育状况呈现显著负向效应，导致这种情况出现的原因是不少大学生的家庭理财教育中存在着一些不科学的因素。在四个分维度中，溺爱放纵型和焦虑牢骚型两种理财教育方式对大学生求实性消费行为具有显著的负向影响（$\beta = -0.09$，$p < 0.01$，模型 3；$\beta = -0.25$，$p < 0.01$，模型 5），这一结果表明，家庭对于大学生的花销一味地放松和纵容，对他们的娇生惯养和溺爱放纵可能导致大学生偏离求实性的消费行为；同时，对子女消费过多的牢骚和焦虑也容易导致他们偏离求实性的消费。家庭理财教育对大学求实性消费影响的主效应分析结果还显示，教育引导型理财教育方式对大学生求实性消费行为的影响未达到显著水平（$\beta = -0.01$，$p > 0.05$，模型 2），这一结果说明，家庭理财教育中家长对于子女的教育可能还存在的肤浅化和无效化的引导，并没有产生预期的教育引导效果。

表 5 – 1　　　　家庭理财教育对大学生求实性
消费影响的回归分析（主效应检验）

变量	模型 1	模型 2	模型 3	模型 4	模型 5
自变量	家庭理财 教育	教育 引导型	溺爱 放纵型	干预 控制型	焦虑 牢骚型
因变量： 求实性消费	− 0.21 **	− 0.01	− 0.09 **	− 0.05	− 0.25 **
R^2	0.087	0.045	0.053	0.002	0.107
Adj. R^2	0.078	0.036	0.043	0.002	0.098
F	9.246 **	4.607 **	5.389 **	3.115	11.637 **

注：** 代表 $p < 0.01$。

5.3.2 家庭理财教育对大学生求实性消费的中介效应分析

5.3.2.1 物质主义价值观在溺爱放纵型理财教育与求实性消费间的中介效应

针对调查数据,我们采用经典的逐步回归法进行中介效应分析(见表5-2)。首先,在控制变量的条件下,做自变量溺爱放纵型对中介变量物质主义价值观的回归,结果发现,对物质主义价值观具有显著的影响($\beta = 0.07$,$p < 0.01$,模型6),这说明溺爱放纵型的家庭教育方式能够强化大学生的物质主义价值观。其次,在控制变量的条件下,做自变量溺爱放纵型和中介变量物质主义对因变量大学生求实性消费行为的回归,结果发现,物质主义价值观对大学生求实性消费行为具有显著的负向影响($\beta = -0.25$,$p < 0.01$,模型7),物质主义价值观越强的大学生,他们的求实性消费行为越少。以上分析说明,物质主义价值观在溺爱放纵型教育方式对大学生求实性消费行为的影响中起中介作用,即溺爱放纵型理财教育方式越重的大学生,他们的物质主义价值观越强,进而更容易消解求实性消费行为。通过模型7可以看到,在物质主义价值观中介作用的基础上,溺爱放纵型教育方式对大学生求实性消费影响的直接效应也显著($\beta = -0.07$,$p < 0.05$),这说明物质主义价值观的中介作用是部分中介作用,即除了物质主义价值观以外,溺爱放纵型理财教育对大学生求实性消费行为的影响还可能存在其他解释机制。

表5-2　　　　溺爱放纵型理财教育对大学生求实性消费影响的中介效应分析

变量	模型6	模型7
因变量	物质主义价值观	求实性消费
中介变量:物质主义价值观		-0.25^{**}

续表

变量	模型 6	模型 7
自变量：溺爱放纵型	0.07**	-0.07*
R²	0.08	0.11
Adj. R²	0.07	0.10
F	17.51**	22.25**

注：* 代表 p < 0.05，** 代表 p < 0.01。

在经典的逐步回归法的基础上，我们采用 Bootstrap 分析程序进行中介效应分析。所得结果显示（见表 5 - 3）：溺爱放纵型对求实性消费影响的总效应显著（95% CI = -0.15 ~ -0.05），溺爱放纵型对求实性消费影响的直接效应显著（95% CI = -0.12 ~ -0.02），物质主义价值观的中介效应显著（95% CI = -0.04 ~ -0.01）。

表 5 - 3　　　　　　中介效应显著性的 Bootstrap 分析

效应	效应值	SE	95% 置信区间	
总效应	-0.10	0.02	-0.15	-0.05
直接效应	-0.07	0.02	-0.12	-0.02
间接效应	-0.02	0.01	-0.04	-0.01

5.3.2.2　物质主义价值观在焦虑牢骚型理财教育与求实性消费间的中介效应

针对调查数据，我们采用经典的逐步回归法进行中介效应分析（见表 5 -4）。首先，在控制变量的条件下，做自变量焦虑牢骚型对中介变量物质主义价值观的回归，结果发现，对物质主义价值观具有显著的影响（$\beta = 0.13$，$p < 0.01$，模型 8），这说明焦虑牢骚型的家庭教育方式反而容易强化大学生的物质主义价值观。其次，在控制变量的条件下，做自变量焦虑牢骚型和中介变量物质主义对

因变量大学生求实性消费行为的回归，结果发现，物质主义价值观对大学生求实性消费行为具有显著的负向影响（$\beta = -0.23$，$p < 0.01$，模型 9），物质主义价值观越强的大学生，他们的求实性消费行为越少。以上分析说明，物质主义价值观在焦虑牢骚型教育方式对大学生冲动性消费行为的影响中起中介作用，即焦虑牢骚型理财教育方式越重的大学生，他们的物质主义价值观反而越强，进而更容易消解求实性消费行为。通过模型 9 可以看到，在物质主义价值观中介作用的基础上，焦虑牢骚型教育方式对大学生求实性消费影响的直接效应显著（$\beta = -0.21$，$p < 0.01$），这说明物质主义价值观的中介作用是部分中介作用，即除了物质主义价值观以外，焦虑牢骚型理财教育对大学生求实性消费行为的影响还可能存在其他解释机制。

表 5 – 4　　　　　焦虑牢骚型理财教育对大学生
求实性消费影响的中介效应分析

变量	模型 8	模型 9
因变量	物质主义价值观	求实性消费
中介变量：物质主义价值观		– 0.23 **
自变量：焦虑牢骚型	0.13 **	– 0.21 *
R^2	0.09	0.15
Adj. R^2	0.08	0.14
F	20.44 **	32.17 **

注：＊代表 $p < 0.05$，＊＊代表 $p < 0.01$。

在经典的逐步回归法的基础上，我们采用 Bootstrap 分析程序进行中介效应分析。所得结果显示（见表 5 – 5）：焦虑牢骚型对求实性消费影响的总效应显著（95% CI = – 0.27 ~ – 0.17），焦虑牢骚型对求实性消费影响的直接效应显著（95% CI = – 0.24 ~ – 0.14），物质主义价值观的中介效应显著（95% CI = – 0.04 ~ – 0.01）。

表 5 - 5　　　　　中介效应显著性的 Bootstrap 分析

效应	效应值	SE	95% 置信区间	
总效应	- 0. 22	0. 02	- 0. 27	- 0. 17
直接效应	- 0. 19	0. 02	- 0. 24	- 0. 14
间接效应	- 0. 02	0. 01	- 0. 04	- 0. 01

5. 3. 3　性别为调节变量的有调节的中介效应模型

5. 3. 3. 1　焦虑牢骚型—物质主义—求实性消费中的有调节的中介效应

根据温忠麟等[①]的建议，首先用逐步回归的方法进行有调节的中介效应分析。在分析之前，将虚拟化的性别和物质主义价值观的平均分进行了中心化处理。基于中心化的数据，分别构造了交互项"焦虑牢骚型×性别"和"物质主义×性别"。首先，分析性别对主效应的调节作用（见表 5 - 6）。通过模型 10 可以看到，"焦虑牢骚型×性别"对大学生求实性消费的影响显著（$\beta = - 0.08$，$p < 0.01$），这说明性别负向调节焦虑牢骚型理财教育对大学生求实性消费的影响。

表 5 - 6　　　　性别为调节变量的有调节的中介效应分析

变量	模型 10	模型 11	模型 12
	求实性消费	物质主义	求实性消费
中介变量：物质主义			- 0. 23 **
自变量：焦虑牢骚型	- 0. 25 **	0. 13 **	- 0. 22 **

① 温忠麟，张雷，侯杰泰. 有中介的调节变量和有调节的中介变量 [J]. 心理学报，2006 (3)：448 - 452.

续表

变量	模型 10	模型 11	模型 12
	求实性消费	物质主义	求实性消费
调节变量：性别	0.19 **		0.13 **
交互项：焦虑牢骚 × 性别	− 0.08 **	− 0.00	− 0.07 **
物质主义 × 性别			− 0.06 *
R^2	0.11	0.09	0.16
Adj. R^2	0.10	0.08	0.15
F	21.54 **	17.51 **	26.87 **

注：* 代表 p < 0.05，** 代表 p < 0.01。

其次，通过表 5 - 6 中的模型 11 和模型 12 采用逐步回归法对有调节的中介效应模型进行分析。在第一步中，我们首先分析了焦虑牢骚型理财教育与性别的交互项对大学生物质主义的影响，结果发现，有调节的中介效应模型的前半段路径不显著（$\beta = -0.00$，p > 0.05，模型 11），在第二步中，我们分析了调节变量对中介效应后半段路径和直接效应的调节作用（模型 12），结果发现，"物质主义 × 性别"对求实性消费的影响显著（$\beta = -0.06$，p < 0.05），这说明性别负向调节了物质主义价值观对大学生求实性消费的影响。本章所假设的有调节的中介效应模型（后半段）成立。为了深入揭示物质主义价值观与性别的交互效应对求实性消费的影响，进行简单斜率检验，取不同性别和物质主义正负一个标准差的值绘制交互效应图（见图 5 - 2）。结果发现，在男生群体中，物质主义对求实性消费的负向预测作用显著（$B_{simpl} = -0.50$，SE = 0.07，p = 0.000，[− 0.64， − 0.36]），而在女生群体中，物质主义对求实性消费的负向预测作用减弱（$B_{simpl} = -0.28$，SE = 0.05，p = 0.000，[− 0.38， − 0.17]）。

同时，为了验证焦虑牢骚与性别的交互效应对求实性消费的直接效应，进行简单斜率检验，取不同性别和焦虑牢骚型正负一个标

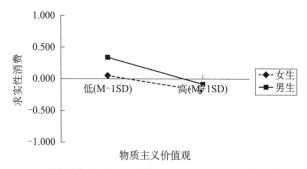

图 5 - 2　性别在物质主义价值观与求实性消费间的调节作用

准差的值绘制交互效应图（见图 5 - 3）。结果发现，在男生群体中，焦虑牢骚对求实性消费的负向预测作用显著（$B_{simpl} = -0.30$，$SE = 0.04$，$p = 0.000$，[-0.39，-0.21]），而在女生群体中，焦虑牢骚对求实性消费的负向预测作用减弱（$B_{simpl} = -0.16$，$SE = 0.03$，$p = 0.000$，[-0.22，-0.10]）。

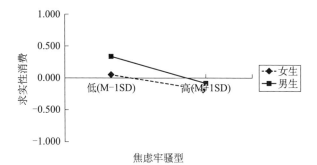

图 5 - 3　性别在焦虑牢骚与求实性消费间的调节作用

5.3.3.2 溺爱放纵型—物质主义—求实性消费中的有调节的中介效应

根据温忠麟等[1]的建议，首先用逐步回归的方法进行有调节的中介效应分析。在分析之前，将虚拟化的性别和物质主义价值观的平均分进行了中心化处理。基于中心化的数据，分别构造了交互项"溺爱放纵型×性别"和"物质主义×性别"。首先，分析性别对主效应的调节作用（见表5-7）。通过模型13可以看到，"溺爱放纵型×性别"对大学生求实性消费的影响不显著（$\beta = -0.02$，p > 0.05），这说明性别负向调节溺爱放纵型理财教育对大学生求实性消费的影响的假设不成立。

表5-7　　　　性别为调节变量的有调节的中介效应分析

变量	模型13	模型14	模型15
	求实性消费	物质主义	求实性消费
中介变量：物质主义			-0.25**
自变量：溺爱放纵型	-0.09**	0.07*	-0.06*
调节变量：性别	0.13**		0.08**
交互项：溺爱放纵型×性别	-0.02	0.04	-0.00
物质主义×性别			-0.07*
方程指标：R^2	0.05	0.08	0.11
Adj. R^2	0.04	0.07	0.10
F	9.28**	15.47**	18.08**

注：*代表 p < 0.05，**代表 p < 0.01。

其次，通过表5-7中的模型14和模型15采用逐步回归法对有调节的中介效应模型进行分析。在第一步中，我们首先分析了溺

---

[1]　温忠麟，张雷，侯杰泰. 有中介的调节变量和有调节的中介变量 [J]. 心理学报，2006（3）：448-452.

爱放纵型理财教育与性别的交互项对大学生物质主义价值观的影响，结果发现，有调节的中介效应模型的前半段路径不显著（$\beta = 0.04$，$p > 0.05$，模型 14），在第二步中，我们分析了调节变量对中介效应后半段路径和直接效应的调节作用（模型 15），结果发现，"物质主义×性别"对求实性消费的影响显著（$\beta = -0.07$，$p < 0.05$），这说明性别负向调节了物质主义对大学生求实性消费的影响。本章所假设的有调节的中介效应模型（后半段）成立。

为了深入揭示物质主义与性别的交互效应对求实性消费的影响，进行简单斜率检验，取不同性别和物质主义正负一个标准差的值绘制交互效应图（见图 5 - 4）。结果发现，在男生群体中，物质主义对求实性消费的负向预测作用显著（$B_{simpl} = -0.55$，$SE = 0.07$，$p = 0.000$，$[-0.69, -0.40]$），而在女生群体中，物质主义对求实性消费的负向预测作用减弱（$B_{simpl} = -0.31$，$SE = 0.05$，$p = 0.000$，$[-0.42, -0.21]$）。

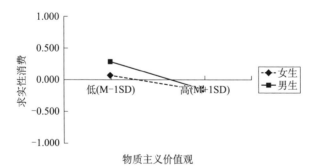

图 5 - 4　性别在物质主义价值观与求实性消费间的调节作用

5.4　研究小结与实践启示

5.4.1　小结与讨论

本章我们分析了家庭理财教育对大学生求实性消费行为的影响。通过对其影响机制的分析，我们可以得出以下结论。

（1）家庭理财教育对大学生的求实性消费行为具有显著的影响，具体表现为溺爱放纵型和焦虑牢骚型两类理财教育方式都会消解大学生的求实性消费行为。同时，教育引导型理财教育未能有效促使大学生产生求实性消费行为。张俊调查了父母对中学生消费方面进行言语指导的典型话语，是诸如"我们不是印钞机""钱不是大风刮来的"等消极语言，这可能导致了子女并没有真正体会到父母的艰辛和不易，反而使他们更容易形成非理性的决策风格。[①] 可见，简单粗暴的教育引导方式不仅无助于子女产生求实性消费行为，反而会使他们产生更多非理性的消费行为。

（2）在溺爱放纵型理财教育对大学生求实性消费行为的影响过程中，物质主义价值观在溺爱放纵型理财教育对求实性消费行为的影响中起中介作用。即溺爱放纵型理财教育方式会导致物质主义价值观的出现，大学生一旦确立物质主义价值观，就可能阻滞求实性消费的出现。在焦虑牢骚型理财教育对大学生求实性消费行为的影响过程中，物质主义价值观在焦虑牢骚型理财教育对求实性消费行为的影响中起中介作用，即焦虑牢骚型理财教育方式会导致个体物

---

① 张俊. 中学生消费决策风格、消费价值观特点及其与家庭理财教育方式的关系 [D]. 北京师范大学，2009.

质主义价值观的强化，将占有物质财富视为身份和成功的象征，也会导致大学生求实性消费的减少。

（3）家庭理财教育对求实性消费行为影响中存在有调节的中介效应。具体表现为：性别在焦虑牢骚型—物质主义—求实性消费（后半段）中存在有调节的中介效应，同时，性别在焦虑牢骚型对求实性消费的直接影响中的调节效应也显著。性别在溺爱放纵型—物质主义—求实性消费（后半段）中存在有调节的中介效应。

5.4.2　实践启示

本章通过理论与实证分析了家庭理财教育对大学生求实性消费行为的影响，这些研究结果对新时代大学生消费教育具有重要的参考意义和启迪价值。

首先，本章研究结果证明，家庭理财教育与大学生的求实性消费行为密切相关。教育引导型理财教育方式对大学生求实性消费不显著，教育引导型理财教育方式在现实生活中存在着表面化和肤浅化的问题，尽管很多父母已经意识到对孩子进行理财教育的重要性，也尝试运用既有知识对子女进行引导，然而由于他们理财知识和技能的欠缺，在对子女的消费教育引导中可能会出现不当的引导方式，这些都可能导致教育引导型理财教育的"走形"和"变样"，影响了其本该有的教育效果。因此，家庭应高度关注这一问题，并切实提升理财教育的知识和技能，确保对子女的理财教育能够发挥出应有的效果。除此之外，家长不仅应避免溺爱放纵型的教育方式，而且应改变焦虑牢骚型的教育方式。家长面对子女的金钱支出，一味地牢骚满怀和焦虑不安，也不能有效改变子女的消费现状，他们面对父母的牢骚反而会产生更多的不良消费问题。

其次，本章研究结果发现，物质主义价值观对家庭理财教育影响下的大学生消费行为产生重要影响。物质主义价值观反映了个体在家庭理财教育的影响下在消费方面逐渐形成的消费观念，物质主义价值观过强，可能会使大学生过度迷恋物质的力量，将占有物质视为生活的重要目标，这样必然导致大学生求实性的消费减少，而不良的消费增多。因而，高校应高度关注大学生消费价值观的教育，就某种程度而言，消费行为就是个体消费观的反映和呈现，积极的消费观能够使个体产生科学理性的消费行为，而消极的消费观可能导致个体出现诸多不良消费行为。因而，高校应强化大学生的消费价值观教育，积极倡导勤俭节约、量入为出的消费价值观，通过对大学生开展科学消费观教育，使大学生切实树立起合理的消费观，从而自觉抵制不良消费思潮的侵袭。

最后，高校应该关注不同性别大学生的消费引导。本章研究结果显示，相较于女性大学生，焦虑牢骚对男性大学生的求实性消费的负向预测作用更强。换而言之，焦虑牢骚型理财教育更容易消解男性大学生的求实性消费。同时，性别可有效负向调节焦虑牢骚（溺爱放纵）—物质主义—求实性消费（后半段），可见，在物质主义价值观水平相当情况下，男性大学生的求实性消费行为更容易消解。因而，高校和家庭都应针对不同性别大学生进行差异消费引导。对于男性大学生子女，家庭要尽量减少焦虑牢骚型的教育方式，同时，应对男性大学生强化科学消费观教育，促使他们摒弃物质主义价值观，只有这样才可能使他们更多地选择求实性的消费行为。

第6章 家庭理财教育对大学生攀比性消费的影响研究

攀比性消费是个体为了求得心理平衡，将自己的现状跟与自己有着相同经历的人进行比较，不甘落后相互较量而产生的消费行为。大学生的攀比性消费在手机消费中表现异常突出。比如，在智能手机消费方面，不少大学生不惜花高价去购买超出购买力的奢侈品手机，以显示自己的与众不同。除了手机消费，在服装消费、电脑游戏装备等方面，很多大学生也不甘示弱，出高价去购买所谓的高端产品，以满足自身"不甘人后"的心理。攀比性消费的原因较为复杂，国外学者主要从炫耀心理、时尚引领和示范效应等方面阐释攀比性消费行为的动机。凡勃伦提出，炫耀心理是社会产生攀比性消费的重要根源。[①] 齐美尔认为，对于时尚"领先与追逐"的动态社会互动是攀比性消费产生的重要因素。[②] 杜森贝里（Duesenberry）则用"示范效应"来对消费攀比进行解释，他认为，人们为了获取更高的社会地位，就必须满足高地位群体所"示范"的行为标准和消费标准。人们在与他人的"不利比较"中产生了消除这

---

① ［美］凡勃伦. 有闲阶级论［M］. 蔡受百，译. 北京：商务印书馆，2004：21 - 23，29.

② ［德］齐奥尔格·齐美尔. 时尚的哲学［M］. 罗钢，王中忱，译. 北京：中国社会科学出版社，2003：241 - 265.

种"不利比较"的冲动，从而促进了消费欲望的不断上升。① 国内研究很大程度上将攀比性消费与社会认同相联系，认为人们对认同的心理诉求是攀比性消费形成的重要内在动因。在急剧变化的现代社会中，人们普遍会有一种认同危机和现实焦虑，而高消费是人们彼此间建立身份表述、获取认同的诸多途径之一。身份可以通过消费方式表现出来。各个阶层和群体在其经济资源上展开对符号资源的争夺，以达到社会认同和阶层地位的塑造。②

作为特殊消费群体的大学生，他们的攀比性消费固然与炫耀心理、时尚引领、示范效应及社会认同密切相关，但同时也不可忽视来自家庭教育因素的影响，家庭教育方式是否科学可能会对大学生的消费产生一定的影响。那么，家庭教育是如何对大学生攀比性消费产生影响的？其具有怎样的机制和规律？这些成为亟待解决的重要问题，也是本章所探讨的主题。

6.1 理论推演和假设提出

6.1.1 家庭理财教育对大学生攀比性消费的主效应

对大学生群体而言，他们的攀比性消费与家庭教育具有一定的关系，尤其是家庭的理财教育，可能是大学生攀比消费产生的重要影响因素。当家庭理财教育中家长对子女一味地溺爱放纵时，子女就会无形中产生一种优越感，产生一种唯我独尊的思想，从而产生

---

① Duesenberry J. S. Income, saving and the theory of consumer behavior [M]. Cambridge, Massachusetts: Harvard University Press, 1959: 22 – 32.

② 王宁. "国家让渡论"：有关中国消费主义成因的新命题 [J]. 中山大学学报（社会科学版），2007 (4): 1 – 7.

处处显示自己优越感的习惯，久而久之就会产生攀比习惯，为攀比性消费行为产生埋下隐患。若家长对子女管控过严，凡是有消费支出，都要反复盘问支出去向，严格控制每月的花销总量，在一定程度上可能会对大学生的攀比性消费有所抑制。如果家长对大学生子女的日常花销过于焦虑，当子女问家长要生活费时，家长反复唠叨钱的来之不易，批评子女乱花钱，家长的这种焦虑牢骚很可能使子女产生逆反心理，反而出现无节制的攀比消费。基于此，本书提出以下假设。

H1a：教育引导型理财教育负向预测大学生攀比性消费行为，即属于教育引导型理财教育家庭的大学生，他们的攀比性消费行为较少。

H1b：溺爱放纵型理财教育正向预测大学生攀比性消费行为，即属于溺爱放纵型理财教育家庭的大学生，他们的攀比性消费行为较多。

H1c：干预控制型理财教育负向预测大学生攀比性消费行为，即属于干预控制型理财教育家庭的大学生，他们的攀比性消费行为较少。

H1d：焦虑牢骚型理财教育正向预测大学生攀比性消费行为，即属于焦虑牢骚型理财教育家庭的大学生，他们的攀比性消费行为较多。

6.1.2 金钱态度的中介作用

金钱态度是个体对金钱相关事物所持有的持久性、一致性倾向。金钱态度属于一种金钱至上的价值观，金钱至上者强调金钱财富的重要性，认为金钱财富可以带来幸福与快乐，可以带来社会地位的提升。拥有金钱至上价值观的人往往格外重视金钱的获取和占有，他们将获得金钱作为人生的重要目标，通过占有足够多的金钱财富，显示自己的独特地位和优势，同时，金钱至上者往往会花更多的金钱进行奢侈消费，以显示自身的身份和地位，因而更容易出现炫耀性的攀比消费。金钱态度的形成，也与家庭教育方式具有密切的关系。通常而言，来自溺爱型家庭的子女更容易产生对金钱的依赖，科学合理的教育引导在某种程度上可减低金钱至上观念的出现。当大学生向父母要生活费时，若父母产生牢骚和焦虑或者过多的干预控制，就可能使子女觉得没有自尊，父母不信任子女，反而刺激他们对于金钱的过度评价，从而激发他们金钱至上的观念。据此，本章提出以下假设。

H2：金钱态度在溺爱放纵型理财教育与大学生攀比性消费的关系中发挥中介效应，具体可细分为以下四个假设。H2a：权力—名望在溺爱放纵型家庭理财教育与大学生攀比性消费行为的关系中起中介作用。即溺爱放纵型家庭理财教育能够助长大学生将金钱视作权力与名望的观念，从而增加大学生的攀比性消费行为。H2b：不信任在溺爱放纵型家庭理财教育与大学生攀比性消费行为的关系中起中介作用。即溺爱放纵型家庭理财教育能够强化大学生对金钱的不信任感，从而增加大学生的攀比性消费行为。H2c：忧虑在溺爱放纵型家庭理财教育与大学生攀比性消费行为的关系中起中介作用。即溺爱放纵型家庭理财教育能够强化大学生对金钱的忧虑感，从而增加大学生的攀比性消费行为。H2d：保持时间在溺爱放纵型家庭理财教育与大学生攀比性消费行为的关系中起中介作用。即溺爱放纵型家庭理财教育会阻滞大学生进行科学财务规划，从而增加大学生的攀比性消费行为。

H3：金钱态度在焦虑牢骚型理财教育与大学生攀比性消费的关系中发挥中介效应，具体可细分为以下四个假设。H3a：权力—名望在焦虑牢骚型家庭理财教育与大学生攀比性消费行为的关系中起中介作用。即焦虑牢骚型家庭理财教育能够助长大学生将金钱视作权力与名望的观念，从而增加大学生的攀比性消费行为。H3b：不信任在焦虑牢骚型家庭理财教育与大学生攀比性消费行为的关系中起中介作用。即焦虑牢骚型家庭理财教育能够强化大学生对金钱的不信任感，从而增加大学生的攀比性消费行为。H3c：忧虑在焦虑牢骚型家庭理财教育与大学生攀比性消费行为的关系中起中介作用。即焦虑牢骚型家庭理财教育能够强化大学生对金钱的忧虑感，从而增加大学生的攀比性消费行为。H3d：保持时间在焦虑牢骚型家庭理财教育与大学生攀比性消费行为的关系中起中介作用。即焦虑牢骚型家庭理财教育会阻滞大学生进行科学财务规划，从而增加大学生的攀比性消费行为。

　　基于以上研究假设，本书提出如图 6 - 1 所示的理论模型。

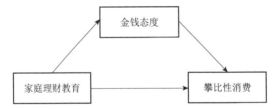

图 6 - 1　家庭理财教育影响大学生攀比性消费行为的理论模型

6.2　统计分析流程与数据处理方法

6.2.1　统计分析流程

　　为了对研究假设展开检验，本章遵循以下统计分析流程。

　　（1）采用多元回归的方法，在控制变量的条件下，分析自变量

"家庭理财教育"及其"教育引导型""溺爱放纵型""干预控制型""焦虑牢骚型"四个维度对因变量"大学生攀比性消费"的影响。

（2）采用经典的逐步回归的方法，在控制变量的条件下，分析了金钱态度在家庭理财教育对大学生攀比性消费行为影响的中介作用，并且采用 Bootstrap 分析法对中介效应进行深入检验。

6.2.2 数据处理方法

为了便于统计分析，我们对本章涉及的各变量进行了以下处理。

（1）自变量的处理：选取家庭理财教育的统计数据合成的指标作为数据分析的自变量，其中在主效应分析中，我们还分别分析了家庭理财教育及其四个维度"教育引导型""溺爱放纵型""干预控制型""焦虑牢骚型"对大学生攀比性消费行为的影响，具体指标的合成方法和信效度指标请参照第 2 章。

（2）因变量的处理：将大学生攀比性消费行为分量表的平均分数作为因变量的指标。有关大学生攀比性消费行为的题项和信效度指标请参照第 3 章。

（3）中介变量的处理：选取金钱态度的四个维度的平均分作为中介变量，金钱态度量表及其维度各题项、计分方法和信效度指标请参照第 4 章。

（4）控制变量的处理：为了降低统计分析中的异方差现象，对"是否独生""家庭所在地"等数据进行了虚拟化处理，有关"家长年龄"和"家长文化程度"等的测量直接采用问卷采集的数据进行分析。

6.3 统计分析结果

6.3.1 家庭理财教育对大学生攀比性消费的主效应分析

为了验证家庭理财教育对大学生冲动性消费影响的主效应，我们将"家庭理财教育"及其四个分维度"教育引导型""溺爱放纵型""干预控制型""焦虑牢骚型"作为自变量，以样本的"性别""专业""年级""家庭所在地""家庭收入""家长文化程度""家长职业"为控制变量，分析它们对因变量"大学生攀比性消费"的影响。

从家庭理财教育对大学生攀比性消费的主效应分析可以看出（见表6-1），家庭理财教育对大学生攀比性消费行为的影响显著（$\beta = 0.34$，$p < 0.01$，模型1）。此结果表明，当前大学生群体中出现的攀比性消费行为与其接受的家庭理财教育状况具有密切的关系，大学生攀比性消费的产生是因为不少大学生的家庭理财教育中存在着一些不科学的理财教育方式。在四个分维度中，溺爱放纵型和焦虑牢骚型两种理财教育方式对大学生攀比性消费行为具有显著的正向影响（$\beta = 0.29$，$p < 0.01$，模型3；$\beta = 0.32$，$p < 0.01$，模型5）。这一结果表明，家庭对于大学生的花销一味地放松和纵容，对他们的娇生惯养和溺爱放纵都可能导致大学生产生攀比性的消费行为；同时，对子女消费过多的焦虑和牢骚也容易导致他们攀比性消费行为的出现。而教育引导型理财教育对大学生攀比性消费没有产生显著的抑制作用（$\beta = 0.05$，$p > 0.05$，模型2）。

表 6 – 1 家庭理财教育对大学生
攀比性消费影响的回归分析（主效应检验）

变量	模型 1	模型 2	模型 3	模型 4	模型 5
自变量	家庭理财教育	教育引导型	溺爱放纵型	干预控制型	焦虑牢骚型
因变量：攀比性消费	0.34 **	0.05	0.29 **	0.03	0.32 **
R^2	0.16	0.04	0.12	0.05	0.15
Adj. R^2	0.15	0.04	0.11	0.04	0.14
F	18.61 **	5.40 **	14.02 **	5.10 **	17.10 **

注：** 代表 $p < 0.01$。

6.3.2 家庭理财教育对大学生攀比性消费的中介效应分析

6.3.2.1 金钱态度在溺爱放纵型理财教育对攀比性消费影响中的中介效应

针对调查数据，我们采用经典的逐步回归法进行中介效应分析（见表 6 – 2）。首先，在控制变量的条件下，做自变量溺爱放纵型对中介变量金钱态度的回归，结果发现，对金钱态度具有显著的影响（$\beta = 0.14$，$p < 0.01$，模型 6），这说明溺爱放纵型理财教育方式可以强化大学生的金钱态度。其次，在控制变量的条件下，做自变量溺爱放纵型和中介变量金钱态度对因变量大学生攀比性消费行为的回归，结果发现，金钱态度对大学生攀比性消费行为具有显著的正向影响（$\beta = 0.20$，$p < 0.01$，模型 7），金钱态度程度越强的大学生，他们的攀比性消费行为越突出。以上分析说明，金钱态度在溺爱放纵型教育方式对大学生攀比性消费行为的影响中起中介作用，即溺爱放纵型理财教育方式程度越重的大学生，他们的金钱态度水平越高，越想占有更多的金钱财富，进而更容易产生炫耀性的攀比消费行为。通过模型 7 可以看到，在金钱态度中介作用的基础

上，溺爱放纵型教育方式对大学生攀比性消费影响的直接效应也显著（$\beta = 0.26$，$p < 0.01$），这说明金钱态度的中介作用是部分中介作用，即除了金钱态度以外，溺爱放纵型理财教育对大学生攀比性消费行为的影响还可能存在其他解释机制。

表 6 - 2　　　　　　溺爱放纵型理财教育对大学生
攀比性消费影响的中介效应分析

变量	模型 6	模型 7
因变量	金钱态度	攀比性消费
自变量：溺爱放纵型	0.14 **	0.26 **
中介变量：金钱态度		0.20 **
R^2	0.05	0.16
Adj. R^2	0.04	0.15
F	5.99 **	17.96 **

注：** 代表 $p < 0.01$。

为了更加清楚地阐释金钱态度的中介作用，我们分别检验金钱态度的四个因子在溺爱放纵对大学生攀比性消费中的中介效应。我们使用 Bootstrap 分析程序进行中介效应分析。在对各变量进行标准化处理后，以溺爱放纵型理财教育为自变量，以攀比性消费行为为因变量，将金钱态度的权力、不信任、忧虑、保持时间四个因子作为并列变量，使用 PROCESS 宏程序中的模型 4 验证总结模型。结果显示（见图 6 - 2），溺爱放纵型能显著正向预测权力—名望和忧虑，而权力—名望正向显著预测攀比性消费，忧虑未能显著预测攀比性消费。溺爱放纵型对不信任和保持时间都未达到显著水平。

中介效应显著性的 Bootstrap 分析表明（见表 6 - 3），权力—名望产生的间接效应 Bootstrap95％ 置信区间不包含 0，说明权力—名望在溺爱放纵型对攀比性消费的中介效应成立。不信任、忧虑、保持时间产生的间接效应 Bootstrap95％ 置信区间均包含 0，说明这三

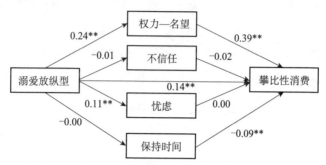

图6-2　并列中介变量在溺爱放纵型与攀比性消费间的中介模型
注：** 代表 p<0.01。

个因子在溺爱放纵型对攀比性消费的中介效应不成立。由于溺爱放纵型对攀比性消费的直接影响效应显著，故权力—名望在溺爱放纵型理财教育对攀比性消费的影响中起部分中介作用。权力—威望的中介效应占总效应比例为39%。

表6-3　　　　　　　中介效应显著性的 Bootstrap 分析

效应	路径	效应值	95%的置信区间	
直接效应	溺爱放纵型—攀比性消费	0.149	0.107	0.191
间接效应	溺爱放纵型—权力名望—攀比性消费	0.096	0.072	0.123
	溺爱放纵型—不信任—攀比性消费	0.000	-0.001	0.003
	溺爱放纵型—忧虑—攀比性消费	0.000	-0.005	0.007
	溺爱放纵型—保持时间—攀比性消费	0.001	-0.004	0.006
总间接效应		0.097	0.072	0.125
总效应		0.246	0.200	0.292

6.3.2.2　金钱态度在焦虑牢骚型理财教育对攀比性消费影响中的中介效应

针对调查数据，我们采用经典的逐步回归法进行中介效应分析（见表6-4）。首先，在控制变量的条件下，做自变量焦虑牢骚型对中介变量金钱态度的回归，结果发现，对金钱态度具有显著的影响（$\beta = 0.24$，$p < 0.01$，模型 8），这说明焦虑牢骚型理财教育方式可能强化大学生的金钱态度。其次，在控制变量的条件下，做自变量焦虑牢骚型和中介变量金钱态度对因变量大学生攀比性消费行为的回归，结果发现，金钱态度对大学生攀比性消费行为具有显著的正向影响（$\beta = 0.17$，$p < 0.01$，模型 9），金钱态度越强的大学生，他们的攀比性消费行为越突出。以上分析说明，金钱态度在焦虑牢骚型教育方式对大学生攀比性消费行为的影响中起中介作用，即焦虑牢骚型理财教育方式越重的大学生，他们的金钱态度可能会越强，进而更容易产生攀比性消费行为。通过模型 9 可以看到，在金钱态度中介作用的基础上，焦虑牢骚型教育方式对大学生攀比性消费影响的直接效应依旧显著（$\beta = 0.28$，$p < 0.01$），这说明金钱态度的中介作用是部分中介作用，即除了金钱态度以外，焦虑牢骚型理财教育对大学生攀比性消费行为的影响还可能存在其他解释机制。

表 6-4 　　　　焦虑牢骚型理财教育对大学生
攀比性消费影响的中介效应分析

变量	模型 8	模型 9
因变量	金钱态度	攀比性消费
自变量：焦虑牢骚型	0.24 **	0.28 **
中介变量：金钱态度		0.17 **
R^2	0.09	0.17
Adj. R^2	0.08	0.16
F	10.42 **	19.33 **

注：** 代表 $p < 0.01$。

为了更具体阐释金钱态度的中介效应，我们采用 Bootstrap 分析程序进行中介效应分析（见图 6-3）。在对各变量进行标准化处理后，以焦虑牢骚型理财教育为自变量，以攀比性消费行为为因变量，将金钱态度的权力、不信任、忧虑、保持时间四个因子作为并列变量，使用 PROCESS 宏程序中的模型 4 验证总结模型。结果显示，焦虑牢骚型能显著正向预测权力—名望、不信任和忧虑，同时，权力—名望显著正向预测攀比性消费，不信任负向显著预测攀比性消费，忧虑对攀比性消费的预测未达到显著水平。焦虑牢骚型能负向显著预测保持时间，同时，保持时间也负向显著预测攀比性消费。

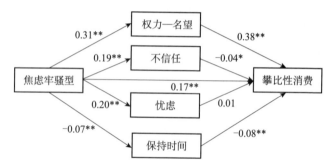

图 6 - 3 　 并列中介变量在焦虑牢骚型与攀比性消费间的中介模型
注：＊代表 p < 0.05，＊＊代表 p < 0.01。

中介效应显著性的 Bootstrap 分析表明（见表 6 - 5），权力—名望、不信任、保持时间产生的间接效应 Bootstrap95% 置信区间不包含 0，说明权力—名望、不信任、保持时间在焦虑牢骚型对攀比性消费影响中的中介效应成立。忧虑产生的间接效应 Bootstrap95% 置信区间包含 0，说明该因子在焦虑牢骚型对攀比性消费影响中的中介效应不成立。由于焦虑牢骚型对攀比性消费的直接影响效应显著，故权力—名望、不信任、保持时间在焦虑牢骚型对攀比性消费的影响中起部分中介作用。

表 6 - 5 　　　　　中介效应显著性的 Bootstrap 分析

效应	路径	效应值	95% 的置信区间	
直接效应	焦虑牢骚型—攀比性消费	0.173	0.128	0.218

续表

效应	路径	效应值	95% 的置信区间	
间接效应	焦虑牢骚型—权力名望—攀比性消费	0.121	0.094	0.150
	焦虑牢骚型—不信任—攀比性消费	-0.009	-0.020	-0.001
	焦虑牢骚型—忧虑—攀比性消费	0.001	-0.008	0.012
	焦虑牢骚型—保持时间—攀比性消费	0.006	0.001	0.013
总间接效应		0.119	0.091	0.148
总效应		0.292	0.245	0.339

6.4　研究小结与实践启示

6.4.1　小结和讨论

本章分析了家庭理财教育对大学生攀比性消费行为的影响。通过对影响机制的分析，我们可以得出以下结论。

（1）家庭理财教育对大学生的攀比性消费行为具有显著的影响，具体表现为溺爱放纵型和焦虑牢骚型两类理财教育方式都会导致大学生攀比性消费行为的产生。教育引导型和干预控制型的理财教育方式对大学生攀比性消费的影响不显著。

（2）金钱态度在溺爱放纵型理财教育对攀比性消费的影响中发挥中介效应。具体表现为，权力—名望在溺爱放纵型理财教育对攀比性消费行为的影响中起中介作用，即溺爱放纵型理财教育方式会导致将金钱视作权力与名望象征的观念出现，大学生将金钱视作权力和名望的观念一旦形成就会强化大学生金钱至上的观念，就可能导致他们陷入攀比性消费的漩涡之中。

（3）金钱态度在焦虑牢骚型理财教育对攀比性消费行为的影响中发挥中介作用。具体表现为，权力—名望和保持时间在焦虑牢骚型理财教育对攀比性消费行为的影响中发挥中介作用。换而言之，焦虑牢骚型理财教育能够显著强化金钱为权力与名望的象征的观念，进而增加大学生攀比性消费的行为；焦虑牢骚型理财教育不利于大学生很好地对财务进行规划，从而容易导致其产生攀比性消费行为。

6.4.2　实践启示

本章分析了家庭理财教育对大学生攀比性消费行为的影响，研究结果对新时代大学生攀比性消费行为的矫正和引导都具有重要的参考意义。

本章研究结果证明，家庭理财教育与大学生的攀比性消费行为密切相关。大学生攀比性消费行为会影响到自身的生活和学习，导致价值观出现偏差，从而出现爱慕虚荣、乐于炫耀、安于享乐，影响到身心健康和顺利成长。因此，家庭应高度关注这一问题，应强化对于子女科学的理财教育，避免溺爱放纵型和焦虑牢骚型的教育方式，通过科学合理的理财教育，帮助大学生掌握有效的理财知识，增强应对大学生活的必要财经素养，才能有效预防攀比性消费行为的产生。本章还发现，教育引导型理财教育对大学生攀比性消费行为并未产生显著的抑制作用，出现这种情况，可能是因为家长采取的教育引导方式不够科学合理。正如张俊等指出的那样，很多家庭的教育引导仅限于浅表性的纠正，其方式还有待深化和提升，因而，如何科学地进行家庭理财教育值得我们进一步深入探讨。[①]

本章研究结果发现，金钱态度在家庭理财教育与大学生攀比性消费行为之间具有重要影响，金钱态度反映了个体在家庭理财教育

---

① 张俊. 中学生消费决策风格、消费价值观特点及其与家庭理财教育方式的关系 [D]. 北京师范大学, 2009.

的影响下在金钱方面的观念态度和价值倾向，将金钱等同于权力—名望，可能会使大学生过度迷恋金钱的力量，将占有金钱与身份的彰显和地位的提升混为一体，通过不断消费以炫耀和维持自己所谓的地位和身份，这样必然导致大学生在消费上出现攀比性的消费行为。因而，高校应高度关注大学生金钱观的教育，就某种程度而言，消费行为就是个体金钱观的反映和呈现，积极的金钱观能够使个体产生科学理性的消费行为，而消极的金钱观可能导致个体出现诸多的不良消费行为。因而，高校应强化大学生的金钱观教育，通过开设财经相关的选修课程，帮助大学生树立科学理性的金钱观，摒弃"一切向钱看"的不良价值趋向。

第7章 家庭理财教育对大学生超前性消费的影响研究

随着社会经济的高速发展，人们的生活水平有了极大提高，大学生作为特殊的消费群体，其消费需求也更加多元化。大学生对新鲜事物的接受能力较强，很容易出现超出承受限度的超前性消费。近年来，金融信贷平台发展迅猛，蚂蚁花呗、京东白条等便利分期借贷的服务层出不穷，这些便利的借贷服务拉动了大学生的消费需求，满足了他们的消费欲望，使拮据单调的校园生活变得丰富多彩。① 蚂蚁花呗、京东白条等新型交易方式的出现，在一定程度上为大众生活带来了较多的便利，然而，对于那些经济尚未独立、消费观念尚不成熟的大学生群体而言，这些新型交易方式极易引发他们过度的购买行为，使他们在借贷购物中日益迷失自我，最终导致债务缠身，甚至对身心健康造成极大损害。2020 年 4 月中国青年网校园通讯社围绕大学生超前消费这一问题进行了相关调查。结果显示，有近90%的学生采用过分期付款，主要用于购物、饮食与娱乐；89.77%的学生曾经用过分期付款进行超前消费，其中近九成

---

① 栾嘉遥. 大学生超前消费行为分析——以闽江学院为例［J］. 经济研究导刊，2020（1）：58－60.

的学生使用过没有盗刷风险的京东白条分期付款。[①] 近年来，不少大学生通过网络借贷欠下巨额贷款、女大学生"裸贷"、利用他人身份信息多方借贷等恶性事件频发，已经引起了社会的广泛关注。[②] 大学生的网贷消费行为，主要受消费主义、网贷平台、大众传媒及大学生群体自身特点等因素影响。[③] 大学生的超前消费现象背后的原因很多，其中家庭影响的因素不可忽视。家庭理财教育是否对大学生超前消费具有显著的影响，其背后具有怎样的影响机制，是本章所要探讨的问题。

7.1　理论推演和假设提出

7.1.1　家庭理财教育对大学生超前性消费的主效应

家庭教育影响着大学生的消费观念，父母能帮助孩子树立良好的消费观念，引导他们理性消费，从而培养其良好的消费习惯。[④] 大学生的消费行为与其家庭经济条件有着密不可分的关系，家庭经济条件好的受访者表示更容易出现超前消费，而家庭条件相对普通或较差的受访者表示自己在消费时较少出现超前消费行为，但也有家庭条件一般的受访者表示为了融入集体而超前消费。对于部分家

---

① 9 成学生用过分期付款 京东白条没盗刷风险更安全！［EB/OL］. http：//www. pcpop. com/article/6171286. shtml.

② 傅顺，裴平，顾天竹. 大学生的消费行为、网贷意愿和网贷平台偏好——基于江苏省高校问卷调查数据的实证分析［J］. 兰州学刊，2019（11）：108 - 120.

③ 林明惠. 大学生网贷消费行为调查分析及引导策略［J］. 思想理论教育，2017（5）：79 - 83.

④ 武曼，李云，廖泷宇，等. 大学生超前消费行为影响因素调查分析——以湖北省大学生为例［J］. 质量与市场，2021（17）.

庭条件较好的大学生来说，超前消费似乎成了家庭赋予他们的"特权"。[①] 布迪厄（2015）强调，消费行为具有重要的区隔功能，他认为消费行为和消费模式可以反映和区分不同阶级地位的人，消费行为可以帮助社会各个阶层的成员形成群体内的认同，形成与其他群体的区隔。同时，布迪厄也认为，消费习惯受到家庭环境的影响，家庭的教育状况对人们的消费模式和消费行为会产生较大影响。通常而言，家长若严格管控子女的消费和花销，超前消费行为往往就可能较少；家长若对子女有求必应，一味溺爱和放纵，子女的超前消费也会较多，家长若对于子女的花销经常抱怨和牢骚，子女可能转而投向借贷产生更多的超前性消费。基于此，本章提出以下假设。

H1a：教育引导型负向预测大学生超前性消费行为，即属于教育引导型理财教育家庭的大学生，他们的超前性消费行为较少。

H1b：溺爱放纵型正向预测大学生超前性消费行为，即属于溺爱放纵型理财教育家庭的大学生，他们的超前性消费行为较多。

H1c：干预控制型负向预测大学生超前性消费行为，即属于干预控制型理财教育家庭的大学生，他们的超前性消费行为较少。

H1d：焦虑牢骚型正向预测大学生超前性消费行为，即属于焦虑牢骚型理财教育家庭的大学生，他们的超前性消费行为较多。

7.1.2　金钱态度的中介作用

消费观对大学生信用消费具有较大的影响。[②] 金钱态度又称为

---

① 常亚楠. 消费与认同：大学生超前消费行为的社会学分析 [D]. 西南大学，2021.

② 杨银娣. 基于 Tobit 模型的大学生信用消费分析研究 [J]. 中南民族大学学报（自然科学版），2021（6）：654–660.

金钱观，指的是对待金钱的态度和价值。将金钱视作权力和名望的人，往往相信金钱财富可以带来声誉与名望，可以带来社会阶层地位的提升。拥有将金钱视作成功观念的人往往格外重视金钱的获取和占有，他们将获得金钱作为人生的重要目标，通过占有足够多的金钱财富，以显示自己的独特地位和优势。网络借贷平台为消费者提供了获得金钱的便捷通道，往往不需要烦琐的手续，就能轻而易举地预支金钱，满足一时拥有金钱的渴望。因而，将金钱视作权力和名望的大学生，很容易尝试通过网络借贷平台获得金钱，从而产生超前消费，以实现自己所追逐的所谓"成功"的目标。大学生金钱态度的形成，也与家庭教育方式具有一定的关系。通常而言，对子女进行科学的教育引导有助于破除子女将金钱视作权力—名望的倾向，消除他们对金钱的不信任和忧虑，帮助他们科学谋划消费支出。来自溺爱型家庭的子女更容易产生对金钱的依赖，将金钱视作权力和名望的象征，加重对金钱的忧虑感和不信任感，也不会去科学规划未来的消费支出。当大学生向父母要生活费时，若父母产生牢骚和焦虑或者过多地干预控制，就可能使子女觉得没有自尊、不被父母信任，反而刺激他们对于金钱的不当认知和评价。据此，本章提出以下假设。

H2：金钱态度在教育引导型理财教育与大学生超前性消费的关系中发挥中介效应。具体可细分为以下四个假设。H2a：权力—名望在教育引导型家庭理财教育与大学生超前性消费行为的关系中起中介作用。即教育引导型家庭理财教育能够消解大学生将金钱视作权力—名望的趋向，从而减少大学生的超前性消费行为。H2b：不信任在教育引导型家庭理财教育与大学生超前性消费行为的关系中起中介作用。即教育引导型家庭理财教育能够降低大学生对金钱的不信任感，从而减少大学生的超前性消费行为。H2c：忧虑在教育引导型家庭理财教育与大学生超前性消费行为的关系中起中介作用。即教育引导型家庭理财教育能够降低大学生对金钱的忧虑感，从而减少大学生的超前性消费行为。H2d：保持时间在教育引导型家庭理财教育与大学生超前性消费行为的关系中起中介作用。即教育引导型家庭理财教育能够助力大学生科学进行财务规划，从而减少大学生的超前性消费行为。

H3：金钱态度在溺爱放纵型理财教育与大学生超前性消费的关系中发挥中介效应。具体可细分为以下四个假设。H3a：权力—名望在溺爱放纵型家庭理财教育与大学生超前性消费行为的关系中起中介作用。即溺爱放纵型家庭理财教育能够助长大学生将金钱视作权力—名望的观念，从而增加大学生的超前性消费行为。H3b：不信任在溺爱放纵型家庭理财教育与大学生超前性消费行为的关系中起中介作用。即溺爱放纵型家庭理财教育能够强化大学生对金钱的不信任感，从而增加大学生的超前性消费行为。H3c：忧虑在溺爱放纵型家庭理财教育与大学生超前性消费行为的关系中起中介作用。即溺爱放纵型家庭理财教育能够强化大学生对金钱的忧虑感，从而增加大学生的超前性消费行为。H3d：保持时间在溺爱放纵型家庭理财教育与大学生超前性消费行为的关系中起中介作用。即溺爱放纵型家庭理财教育会阻滞大学生进行科学财务规划，从而增加大学生的超前性消费行为。

H4：金钱态度在干预控制型理财教育与大学生超前性消费的关系中发挥中介效应。具体可细分为以下四个假设。H4a：权力—名望在干预控制型家庭理财教育与大学生超前性消费行为的关系中起中介作用。即干预控制型家庭理财教育能够助长大学生将金钱视作权力—名望的观念，从而增加大学生的超前性消费行为。H4b：不信任在干预控制型家庭理财教育与大学生超前性消费行为的关系中起中介作用。即干预控制型家庭理财教育能够强化大学生对金钱的不信任感，从而增加大学生的超前性消费行为。H4c：忧虑在干预控制型家庭理财教育与大学生超前性消费行为的关系中起中介作用。即干预控制型家庭理财教育能够强化大学生对金钱的忧虑感，从而增加大学生的超前性消费行为。H4d：保持时间在干预控制型家庭理财教育与大学生超前性消费行为的关系中起中介作用。即干预控制型家庭理财教育会阻滞大学生进行科学财务规划，从而增加大学生的超前性消费行为。

H5：金钱态度在焦虑牢骚型理财教育与大学生超前性消费的关系中发挥中介效应。具体可细分为以下四个假设。H5a：权力—名望在焦虑牢骚型家庭理财教育与大学生超前性消费行为的关系中起中介作用。即焦虑牢骚型家庭理财教育能够助长大学生将金钱视作权力—名望的观念，从而增加大学生的超前性消费行为。H5b：不信任在焦虑牢骚型家庭理财教育与大学生超前性消费行为的关系中起中介作用。即焦虑牢骚型家庭理财教育能够强化大学生对金钱的不信任感，从而增加大学生的超前性消费行为。H5c：忧虑在焦虑牢骚型家庭理财教育与大学生超前性消费行为的关系中起中介作用。即焦虑牢骚型家庭理财教育能够强化大学生对金钱的忧虑感，从而增加大学生的超前性消费行为。H5d：保持时间在焦虑牢骚型家庭理财教育与大学生超前性消费行为的关系中起中介作用。即焦虑牢骚型家庭理财教育会阻滞大学生进行科学财务规划，从而增加大学生的超前性消费行为。

基于以上研究假设，本书提出如图 7 - 1 所示的理论模型。

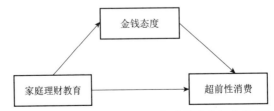

图 7 - 1　家庭理财教育影响大学生超前性消费行为的理论模型

7.2 统计分析流程与数据处理方法

7.2.1 统计分析流程

为了对以上研究假设展开检验，本章遵循以下统计分析流程。

（1）采用多元回归的方法，在控制变量的条件下，分析自变量"家庭理财教育"及其"教育引导型""溺爱放纵型""干预控制型""焦虑牢骚型"四个维度对因变量"大学生超前性消费"的影响。

（2）采用 Bootstrap 分析法，在控制变量的条件下，分析"金钱态度"在家庭理财教育对大学生超前性消费行为影响中的中介作用。

7.2.2 数据处理方法

为了便于统计分析，我们对本章涉及的各变量进行了以下处理。

（1）自变量的处理：选取家庭理财教育的统计数据合成的指标作为数据分析的自变量，其中在主效应分析中，还分别分析了家庭理财教育及其四个维度"教育引导型""溺爱放纵型""干预控制型""焦虑牢骚型"对大学生超前性消费行为的影响，具体指标的合成方法和信效度指标请参照第 2 章。

（2）因变量的处理：将大学生超前性消费行为分量表的平均分数作为因变量的指标。有关大学生超前性消费行为的题项和信效度指标请参照第 3 章。

（3）中介变量的处理：选取问卷测量的金钱态度中四个维度——权力—名望、不信任、忧虑、保持时间的平均分作为中介变量，金钱态度量表四个维度的各题项、计分方法和信效度指标请参照第4章。

（4）控制变量的处理：对"是否独生""家庭所在地"等数据进行虚拟化处理；"家长年龄""家长文化程度"等的测量直接采用问卷采集的数据进行分析。

7.3　统计分析结果

7.3.1　家庭理财教育对大学生超前性消费的主效应分析

为了验证家庭理财教育对大学生超前性消费影响的主效应，我们将"家庭理财教育"及其四个分维度"教育引导型""溺爱放纵型""干预控制型""焦虑牢骚型"作为自变量，以样本的"性别""专业""年级""家庭所在地""家庭收入""家长文化程度""家长职业"为控制变量，分析它们对因变量"大学生超前性消费"的影响。

从家庭理财教育对大学生超前性消费的主效应分析可以看出（见表7-1），家庭理财教育对大学生冲动性消费行为的影响显著（$\beta = 0.29$，$p < 0.01$，模型1），此结果表明，当前大学生群体中出现的超前性消费行为与其接受的家庭理财教育状况具有密切的关系，家庭理财教育中存在的一些不科学的因素导致了大学生超前性消费行为的产生。溺爱放纵型、干预控制型、焦虑牢骚型三个维度对大学生超前性消费行为的影响均达到显著水平（$\beta = 0.07$，$p < 0.01$，模型3；$\beta = 0.09$，$p < 0.01$，模型4；$\beta = 0.35$，$p < 0.01$，模

型5），这一结果表明，家庭理财教育对大学生的超前性消费具有显著的影响。对子女的溺爱放纵、干预控制、焦虑牢骚这些不良的教育方式都会导致他们产生超前性消费的行为。值得指出的是，教育引导型的理财教育方式对大学生超前性消费的影响也是正向效应，并未产生应有的抑制作用。当然，对于超前性消费也需要辩证看待，就某种程度而言，超前消费可解决燃眉之急，花明天的钱办今天的事，科学的理财教育应该合理引导大学生运用一些合规的金融产品，丰富自己，提升自己。但是，若大学生的超前消费纯属寅吃卯粮的贪图享受，那就应及时叫停。

表7-1 家庭理财教育对大学生
超前性消费影响的回归分析（主效应检验）

变量	模型1	模型2	模型3	模型4	模型5
自变量	理财教育	教育引导型	溺爱放纵型	干预控制型	焦虑牢骚型
因变量 超前性消费	0.29**	0.08**	0.07**	0.09**	0.35**
R^2	0.13	0.06	0.06	0.06	0.17
Adj. R^2	0.12	0.05	0.05	0.05	0.16
F	15.15**	6.45**	6.25**	6.55**	20.10**

注：** 代表 $p < 0.01$。

7.3.2 金钱态度在理财教育对超前性消费影响中的中介效应分析

7.3.2.1 金钱态度在教育引导型理财教育对超前性消费影响中的中介效应

我们采用 Bootstrap 分析程序进行中介效应分析。在对各变量进行标准化处理后，以教育引导型理财教育为自变量，以超前性消费行为为因变量，将金钱态度的权力—名望、不信任、忧虑、保持时

间四个因子作为并列变量，使用 PROCESS 宏程序中的模型 4 检验
中介模型。结果显示，教育引导型能显著负向预测权力—名望、不
信任和忧虑，教育引导型能显著正向预测保持时间。同时，权力—
名望、不信任、教育引导型显著正向预测超前性消费，忧虑和保持
时间负向显著预测超前性消费（见图 7 - 2）。

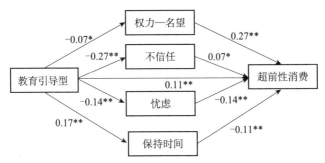

图 7 - 2　并列中介变量在教育引导型与超前性消费间的中介模型
注：＊代表 p < 0.05，＊＊代表 p < 0.01。

中介效应显著性的 Bootstrap 分析表明（见表 7 - 2），权力—名
望、不信任、忧虑、保持时间产生的间接效应 Bootstrap95% 置信区
间均不包含 0，说明四个因子在教育引导型对超前性消费的中介效
应均成立。由于教育引导型对超前性消费的直接影响效应显著，故
权力—名望、不信任、忧虑、保持时间在教育引导型对超前性消费
的影响中起部分中介作用。

表 7 - 2　　　　　　　中介效应显著性的 **Bootstrap** 分析

效应	路径	效应值	95% 的置信区间	
直接效应	教育引导型—超前性消费	0.115	0.065	0.165
间接效应	教育引导型—权力名望—超前性消费	- 0.018	- 0.035	- 0.037
	教育引导型—不信任—超前性消费	- 0.019	- 0.034	- 0.006
	教育引导型—忧虑—超前性消费	0.021	0.010	0.034
	教育引导型—保持时间—超前性消费	- 0.020	- 0.031	- 0.010
总间接效应		- 0.037	- 0.058	- 0.017
总效应		0.078	0.028	0.127

7.3.2.2 金钱态度在溺爱放纵型理财教育对超前性消费影响中的中介效应

我们采用 Bootstrap 分析程序进行中介效应分析。在对各变量进行标准化处理后，以溺爱放纵型理财教育为自变量，以超前性消费行为为因变量，将金钱态度的权力—名望、不信任、忧虑、保持时间四个因子作为并列变量，使用 PROCESS 宏程序中的模型 4 检验中介模型。结果显示，溺爱放纵型能显著正向预测权力—名望和忧虑，而权力—名望正向显著预测超前性消费，忧虑负向显著预测超前性消费。溺爱放纵型对不信任和保持时间以及超前性消费的影响都未达到显著水平（见图 7-3）。

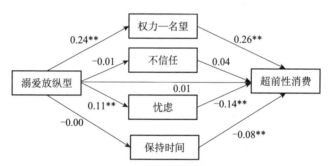

图 7-3　并列中介变量在溺爱放纵型与超前性消费间的中介模型
注：** 代表 $p < 0.01$。

中介效应显著性的 Bootstrap 分析表明（见表 7-3），权力—名望和忧虑产生的间接效应 Bootstrap95% 置信区间不包含 0，说明权力—名望、忧虑在溺爱放纵型对超前性消费的中介效应成立。不信任、保持时间产生的间接效应 Bootstrap95% 置信区间均包含 0，说明这两个因子在溺爱放纵型对超前性消费的中介效应不成立。由于溺爱放纵型对超前性消费的直接影响效应不显著，故权力—名望和忧虑在溺爱放纵型对超前性消费的影响中起完全中介作用。

表 7 - 3　　　　　　中介效应显著性的 Bootstrap 分析

效应	路径	效应值	95% 的置信区间	
直接效应	溺爱放纵型—超前性消费	0.018	- 0.030	0.067
间接效应	溺爱放纵型—权力名望—超前性消费	0.065	0.045	0.091
	溺爱放纵型—不信任—超前性消费	- 0.001	- 0.004	0.003
	溺爱放纵型—忧虑—超前性消费	- 0.017	- 0.031	- 0.006
	溺爱放纵型—保持时间—超前性消费	0.000	- 0.005	0.006
总间接效应		0.048	0.028	0.072
总效应		0.067	0.018	0.116

7.3.2.3　金钱态度在干预控制型理财教育对超前性消费影响中的中介效应

我们采用 Bootstrap 分析程序进行中介效应分析。在对各变量进行标准化处理后，以干预控制型理财教育为自变量，以超前性消费行为为因变量，将金钱态度的权力、不信任、忧虑、保持时间四个因子作为并列变量，使用 PROCESS 宏程序中的模型 4 检验中介模型。结果显示，干预控制型能显著正向预测权力—名望和忧虑。同时，权力—名望显著正向预测超前性消费，忧虑负向显著预测超前性消费（见图 7 - 4）。

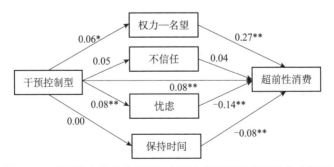

图 7 - 4　并列中介变量在干预控制型与超前性消费间的中介模型
注：* 代表 p < 0.05，** 代表 p < 0.01。

中介效应显著性的 Bootstrap 分析表明（见表 7 - 4），权力—名望和忧虑产生的间接效应 Bootstrap95% 置信区间不包含 0，说明权力—名望和忧虑在干预控制型对超前性消费的中介效应成立。不信任、保持时间产生的间接效应 Bootstrap95% 置信区间均包含 0，说明这两个因子在干预控制型对超前性消费影响中的中介效应不成立。由于干预控制型对超前性消费的直接影响效应显著，故权力—名望和忧虑在干预控制型对超前性消费的影响中起部分中介作用。

表 7－4　　　　　中介效应显著性的 Bootstrap 分析

效应	路径	效应值	95%的置信区间	
直接效应	干预控制型—超前性消费	0.083	0.031	0.135
间接效应	干预控制型—权力名望—超前性消费	0.017	0.001	0.034
	干预控制型—不信任—超前性消费	0.002	－0.001	0.008
	干预控制型—忧虑—超前性消费	－0.013	－0.026	－0.002
	干预控制型—保持时间—超前性消费	0.000	－0.006	0.005
总间接效应		0.006	－0.009	0.024
总效应		0.090	0.036	0.143

7.3.2.4　金钱态度在焦虑牢骚型理财教育对超前性消费影响中的中介效应

我们采用 Bootstrap 分析程序进行中介效应分析。在对各变量进行标准化处理后，以焦虑牢骚型理财教育为自变量，以超前性消费行为为因变量，将金钱态度的权力、不信任、忧虑、保持时间四个因子作为并列变量，使用 PROCESS 宏程序中的模型 4 检验中介模型。结果显示，焦虑牢骚型能显著正向预测权力—名望、不信任和忧虑，同时，权力—名望显著正向预测超前性消费，忧虑负向显著预测超前性消费，不信任的预测效应未达到显著水平。焦虑牢骚型能负向显著预测保持时间，同时，保持时间也负向显著预测超前性消费（见图 7－5）。

中介效应显著性的 Bootstrap 分析表明（见表 7－5），权力—名望、忧虑、保持时间产生的间接效应 Bootstrap95% 置信区间不包含 0，说明权力—名望、忧虑、保持时间在焦虑牢骚型对超前性消费的中介

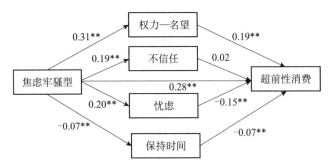

图 7 - 5　并列中介变量在焦虑牢骚型与超前性消费间的中介模型
注：**代表 p < 0.01。

效应成立。不信任产生的间接效应 Bootstrap95% 置信区间包含 0，说明该因子在焦虑牢骚型对超前性消费影响中的中介效应不成立。由于焦虑牢骚型对超前性消费的直接影响效应显著，故权力—名望、忧虑、保持时间在焦虑牢骚型对超前性消费的影响中起部分中介作用。

表 7 - 5　　　　中介效应显著性的 Bootstrap 分析

效应	路径	效应值	95% 的置信区间	
直接效应	焦虑牢骚型—超前性消费	0.285	0.235	0.334
间接效应	焦虑牢骚型—权力名望—超前性消费	0.061	0.039	0.087
	焦虑牢骚型—不信任—超前性消费	0.003	-0.005	0.011
	焦虑牢骚型—忧虑—超前性消费	-0.029	-0.044	-0.016
	焦虑牢骚型—保持时间—超前性消费	0.005	0.001	0.011
总间接效应		0.040	0.015	0.065
总效应		0.325	0.277	0.373

7.4　研究小结与实践启示

7.4.1　研究小结

本章分析了家庭理财教育对大学生超前性消费行为的影响。通过对问卷调查数据的分析，我们可以得出以下结论。

（1）家庭理财教育对大学生的超前性消费行为具有显著的影响，具体表现为溺爱放纵型、干预控制型和焦虑牢骚型理财教育方式都会对大学生超前性消费行为产生显著影响。值得指出的是，教育引导型理财教育方式对大学生超前性消费的影响也是正向效应，并未产生应有的抑制作用。

（2）金钱态度在教育引导型理财教育对大学生超前性消费行为影响中的中介作用。教育引导型理财教育对超前性消费的直接影响效应显著，同时，也可通过金钱态度对超前性消费产生间接影响。其间接影响具体表现为，教育引导型可有效祛除大学生对金钱的不信任和忧虑，同时，可通过有效强化大学生的财务规划意识，进而克服过度超前性消费行为的出现。然而，研究也发现教育引导型理财教育方式对权力—名望的影响尽管达到显著水平，但水平较低，说明教育引导型理财教育对权力—名望的影响还比较有限，其在对于大学生金钱观的深入疏导方面还有待采取更有效的方式和方法。

（3）金钱态度在溺爱放纵型理财教育对大学生超前性消费行为影响中的中介作用。溺爱放纵型理财教育对大学生超前性消费的直接效应未达到显著水平，其主要表现为间接影响。这种间接影响主要表现在，溺爱放纵型理财教育方式可助长大学生将金钱视为权力名望的观念，进而产生过度的超前性消费。值得一提的是，对于来自溺爱放纵型理财教育家庭的大学生，他们对金钱的忧虑感一定程度上可使他们减少超前性消费行为。

（4）金钱态度在干预控制型理财教育对大学生超前性消费行为影响中的中介作用。干预控制型理财教育对大学生超前性消费的直接影响显著，同时，也可通过金钱态度对超前性消费产生间接影响。干预控制型理财教育方式对大学生超前性消费的间接影响表现在两个方面：一方面，干预控制能够有效增加子女对金钱的忧虑感进而减少超前性消费行为；另一方面，干预控制也可强化子女将金钱视作权力名望的观念进而增加超前性消费行为。

（5）金钱态度在焦虑牢骚型理财教育对大学生超前性消费行为影响中的中介作用。焦虑牢骚型理财教育对超前性消费的直接效应显著，同时，也通过金钱态度对超前性消费产生间接影响。其间接影响主要表现为，焦虑牢骚型理财教育能够强化子女将金钱视作权力名望的观念，从而增加超前性消费；焦虑牢骚型理财教育会导致子女不能很好地规划消费支出，进而产生超前性消费。

7.4.2　实践启示

本章分析了家庭理财教育对大学生超前性消费行为的影响机制，这些研究结果对新时代大学生超前性消费行为的矫正和引导都具有重要参考意义。

首先，本章研究结果证明，家庭理财教育与大学生的超前性消费行为密切相关。大学生超前性消费行为会影响到自身的生活和学习，导致生活花费的严重透支，造成沉重的经济负担，从而影响到学业和身体健康。因此，家庭应高度关注这一问题，应强化对子女科学的理财教育，避免不良的理财教育方式。通过科学合理的理财教育，帮助大学生掌握有效的理财知识，增强应对大学生生活的必要财经素养，才能有效预防超前性消费行为的产生，同时，也避免因超前性消费行为带来的经济拮据和债台高筑，将更多的精力投入学习之中。

其次，本章研究结果发现，金钱态度在家庭理财教育对大学生超前消费行为的影响中发挥着重要的中介作用。就教育引导型理财教育而言，应继续发挥其祛除大学生对金钱的不信任和忧虑等方面的积极作用，发挥其在强化大学生的财务规划意识方面的积极作用。同时，也应深刻认识教育引导型理财教育的欠缺和不足，深化其在大学生金钱认知中的影响和作用，优化其在大学生金钱观疏导中的方式和方法，进一步提升其对大学生超前消费行为的积极作用。就溺爱放纵型、干预控制型、焦虑牢骚型理财教育而言，权力—名望维度在超前性消费行为产生中发挥重要的中介作用，要疏导大学生的超前性消费，应该注重对他们金钱态度的引导，祛除他们将金钱视作权力名望的观念，引导他们树立科学的金钱观。金钱态度反映了个体在家庭理财教育的影响下在金钱方面形成的价值取向，权力—名望维度的水平越高，他们就越会迷恋金钱的力量，将占有金钱视为成功的唯一标准，这样必然导致大学生想方设法获得金钱，甚至不惜通过借贷制造表面的财富假象。因而，高校应高度关注大学生金钱观的教育。就某种意义而言，消费行为是个体金钱观的反映和呈现，积极的金钱观能够使个体产生科学理性的消费行为，而消极的金钱观可能导致个体出现诸多的不良消费行为。因而，高校应强化大学生的金钱观教育，通过开设消费相关的选修课程，帮助大学生树立科学理性的金钱观，摒弃金钱至上的不良金钱观。

最后，高校应该加强大学生的消费心理教育。超前消费的重要诱因在于攀比的心态。大学生的攀比心理可使处于溺爱放纵型教育方式成长起来的大学生更容易产生金钱至上的观念，而随着金钱观的扭曲，他们也更容易出现寅吃卯粮、入不敷出的超前性消费。因而，对于大学生超前性消费行为的矫正，不仅应从家庭理财教育方式和大学生的金钱态度方面入手，而且要高度重视大学生的消费心理问题的疏导，克服存在于他们身上的炫耀心理、攀比心态，帮助他们树立科学的消费观念，继承中华民族勤俭节约、艰苦朴素的优良传统，积极弘扬量力而行、积极平和的消费心态。

第 8 章　家庭理财教育对大学生冲动性消费的影响研究

　　大学生消费者群体中很多自诩为"剁手党"，他们看到琳琅满目的商品时，眼花缭乱，异常兴奋，不由自主地就会购买很多并不实用的商品，买过之后又会后悔，大学生的这种购买行为被称为冲动性消费行为。冲动性消费过程中消费者往往受一种强烈的、不可抵制的冲动性力量的驱使，从而快速做出决定，而不会深思熟虑其他相关信息和方案。冲动性消费行为的影响因素既涉及营销因素、情境因素，也与个体特征因素密切相关。在营销因素中，价格刺激最容易引发消费者的冲动性购买行为，商店内的销售氛围以及对商品的接触体验都会使消费者产生冲动性购买行为。在情境因素中，消费者可用于购物的时间和能支配的金钱会对消费者的冲动性购买产生重要影响。在个体特征方面，冲动性购买倾向、调节导向、自我建构、自我不一致等因素对冲动性消费行为都具有显著影响。此外，人口统计学变量也会对冲动性购买行为产生影响。有研究认为，在 18～35 岁间，消费者的冲动性购买水平整体上随着年龄的增长而呈上升趋势；35 岁以后，消费者的冲动性购买水平则整体上随着年龄的增长而呈下降趋势。女性的冲动性购买水平总体上比男性高。① 吴鲁平指出，父母亲的职业、家庭消费方式和家庭教育方式与冲动性购买倾向关系密切，家庭教育方式对中学生冲动性购买倾向具有显著影响。② 那么，家庭教育方式对大学生冲动性消费行为是否产生显著影响？不同的教育方式通过怎样的机制影响大学生的冲动性消费行为？这些都成为值得深入探讨的重要问题。本章着重从理财教育的视角，深入探讨家庭教育方式对于大学生冲动性消费行为的影响，进而基于家庭理财教育方式的视角，探寻大学生冲动消费行为的形成机制。

8.1　理论推演和假设提出

8.1.1　家庭理财教育对大学生冲动性消费的主效应

大学生冲动消费行为产生的重要前提是有一定的经济基础，大学生属于特殊的消费群体，其日常花销大多由家庭供给。因而，家庭对于大学生金钱供给的多少、宽严等因素是影响大学生消费的重要因素。进而言之，家庭对于大学生在如何花钱和消费方面的教育很大程度上影响着大学生的消费行为。吴鲁平指出，平时消费入不敷出家庭中的子女的冲动性消费倾向要显著高于量入而出的家庭。父母进行正面消费教育引导的学生的冲动性购买倾向明显低于父母

————————

　① 熊素红，景奉杰. 冲动性购买影响因素新探与模型构建 [J]. 外国经济与管理，2010（5）：56-64.

　② 吴鲁平. 中学生冲动性购买倾向研究——对北京、郑州 1156 名中学生的调查分析 [J]. 中国青年研究，2010（2）：16-19.

不做任何教育引导的学生。[①] 因而，父母对子女进行适当的消费教育就可能减少子女的冲动性消费行为的产生，而父母一味地溺爱放纵，则可能助长子女的冲动性消费。在生活中，也有不少父母提到钱时，就会在孩子面前抱怨、牢骚，甚至直接干预控制子女的日常花销，父母的抱怨、牢骚和干预控制也可能使孩子产生逆反和烦躁心理，反而助长冲动性消费的产生。基于此，本书提出以下假设。

H1a：教育引导型负向预测大学生冲动性消费行为，即属于教育引导型理财教育家庭的大学生，他们的冲动性消费行为较少。

H1b：溺爱放纵型正向预测大学生冲动性消费行为，即属于溺爱放纵型理财教育家庭的大学生，他们的冲动性消费行为较多。

H1c：干预控制型正向预测大学生冲动性消费行为，即属于干预控制型理财教育家庭的大学生，他们的冲动性消费行为较多。

H1d：焦虑牢骚型正向预测大学生冲动性消费行为，即属于焦虑牢骚型理财教育家庭的大学生，他们的冲动性消费行为较多。

8.1.2　物质主义价值观的中介作用

物质主义通常指一种强调物质拥有、社会声望重要性，以追求和占有金钱财物作为生活和行为最高标准的个体价值观。物质主义者以占有物质财富的数量和质量作为成功的象征，他们往往根据消费和占有财产情况来评价个体的社会地位。[②] 以往的研究证实，物质主义对冲动性购买行为具有显著的正向预测作用。谢晓东等认

---

① 吴鲁平. 中学生冲动性购买倾向研究——对北京、郑州 1156 名中学生的调查分析 [J]. 中国青年研究，2010（2）：16 - 19.

② Manchiraju S. , & Krizan Z. What is materialism? Testing two dominant perspectives on materialism in the marketing literature [J]. Management & Marketing Challenges for the Knowledge Society，2015，10（2）：89 - 102.

为，高物质主义的大学生往往通过购买的商品或服务的数量多少和质量优劣评价个体是否成功，从而导致冲动性购买行为。[1] 可见，物质主义价值观对冲动性消费行为具有重要的影响。此外，物质主义价值观还受到家庭教育的重要影响。成长于家庭破裂、父母离异以及父母教养方式较为冷漠、拒绝型家庭中的青少年，由于家庭无法提供足够的温暖与呵护，导致青少年缺乏亲情和关爱，产生人际关系上的不安全感，转而通过外在物质的获取来进行弥补，从而内化了物质主义价值观。而温暖、支持型的家庭提供了子女发展所需的无形资源，可以满足孩子自主、关系、胜任等心理需要的满足，促进"核心机能自我"的形成，孩子无须借助物质的手段来标榜自我，提高自信。[2] 凯撒等（Kasser et al.）的研究认为，由非养育型（如冷漠、控制、拒绝）的父母抚养大的孩子更容易在青春期表现出物质主义价值观取向。在中国，父母拒绝型教养方式同样与青少年的物质主义呈显著正相关。[3] 基于此，本章提出以下假设。

H2a：物质主义价值观在教育引导型家庭理财教育与大学生冲动性消费行为的关系中起中介作用。即教育引导型家庭理财教育会消解物质主义价值观，从而减少大学生的冲动性消费行为。

H2b：物质主义价值观在溺爱放纵型家庭理财教育与大学生冲动性消费行为的关系中起中介作用。即溺爱放纵型家庭理财教育会强化物质主义价值观，从而激发大学生的冲动性消费行为。

H2c：物质主义价值观在干预控制型家庭理财教育与大学生冲

---

① 谢晓东，喻承甫，张卫. 大学生物质主义与冲动性购买行为：金钱态度的中介作用 [J]. 应用心理学，2017（1）：40-48.

② 蒋奖，曾陶然，杨淇，等. 青少年物质主义的成因、测量与干预 [J]. 心理科学进展，2016（8）：1266-1278.

③ Kasser T., Ryan R. M., Zax M., & Sameroff A. J. The relations of maternal and social environments to late adolescents' materialistic and prosocial values [J]. Developmental Psychology, 1995, 31: 907-914.

动性消费行为的关系中起中介作用。即干预控制型家庭理财教育会
强化物质主义价值观，从而激发大学生的冲动性消费行为。

H2d：物质主义价值观在焦虑牢骚型家庭理财教育与大学生冲
动性消费行为的关系中起中介作用。即焦虑牢骚型家庭理财教育会
强化物质主义价值观，从而激发大学生的冲动性消费行为。

8.1.3　性别的调节作用

女性的冲动性购买行为水平总体上要高于男性。[①] 吴鲁平指出，
男生与女生在冲动性购买倾向方面存在显著性差异，相较于男生，
女生更容易产生冲动性购买。[②] 在家庭理财教育方面，家长同样的
教育方式在男孩和女孩身上可能也会产生截然不同的效果。在教育
方式相同的情况下，不同性别子女的物质主义价值观以及他们的冲
动性购买行为也可能具有明显的差异。由此，本章提出以下假设。

H3a：性别负向调节在教育引导型家庭理财教育与大学生物质
主义价值观以及冲动性消费行为的关系。即相比女性大学生，教育
引导型家庭理财教育对男大学生的物质主义价值观和冲动性消费行
为的抑制作用更有效果。

H3b：性别正向调节在溺爱放纵型家庭理财教育与大学生物质
主义价值观以及冲动性消费行为的关系。即相比女性大学生，溺爱
放纵型家庭理财教育对男大学生的物质主义倾向以及冲动性消费行
为的影响更强。

H3c：性别正向调节在焦虑牢骚型家庭理财教育与大学生物质

---

① 熊素红，景奉杰. 冲动性购买影响因素新探与模型构建 [J]. 外国经济与管理，
2010（5）：56 - 64.

② 吴鲁平. 中学生冲动性购买倾向研究——对北京、郑州 1156 名中学生的调查分
析 [J]. 中国青年研究，2010（2）：16 - 19.

主义价值观以及冲动性消费行为的关系。即相比女性大学生，焦虑牢骚型家庭理财教育对男大学生的物质主义倾向以及冲动性消费行为的影响更强。

基于以上研究假设，本书提出如图 8 - 1 所示的理论模型。

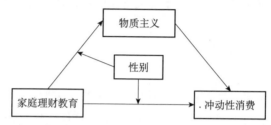

图 8 - 1　家庭理财教育影响大学生冲动性消费行为的理论模型

8.2　统计分析流程与数据处理方法

8.2.1　统计分析流程

为了对研究假设展开检验，本章遵循以下统计分析流程。

（1）采用多元回归的方法，在控制变量的条件下，分析自变量"家庭理财教育"及其"教育引导型""溺爱放纵型""干预控制型""焦虑牢骚型"四个维度对因变量"大学生冲动性消费"的影响。

（2）采用经典的逐步回归的方法，在控制变量的条件下，分析物质主义价值观在家庭理财教育对大学生冲动性消费行为影响中的中介作用。

（3）采用经典的逐步回归的方法，在控制变量的条件下，分析"性别"在家庭理财教育对大学生冲动性消费行为影响中的调节作用，以及本书提出的有调节的中介效应作用，并且采用 Bootstrap 分析法对逐步回归的结果进行验证。

8.2.2　数据处理方法

为了便于统计分析，我们对本章涉及的各变量进行了以下处理。

（1）自变量的处理：选取家庭理财教育的统计数据合成的指标作为数据分析的自变量，其中在主效应分析中，还分别分析了家庭理财教育四个分维度"教育引导型""溺爱放纵型""干预控制型""焦虑牢骚型"对大学生冲动性消费行为的影响，具体指标的合成方法和信效度指标请参照第 2 章。

（2）因变量的处理：将大学生冲动性消费行为分量表的平均分数作为因变量的指标。有关大学生冲动性消费行为的题项和信效度指标请参照第 3 章。

（3）中介变量的处理：选取问卷测量的物质主义价值观的平均分作为中介变量，物质主义价值观量表各题项、计分方法和信效度指标请参照第 4 章。

（4）调节变量的处理：选取性别作为调节变量，由于"性别"变量是类别变量，因此对其进行了虚拟变量处理（男 =1，女 =0）。

（5）控制变量的处理：对于"专业""是否独生""家庭所在地"等变量进行虚拟化处理，有关"家长年龄"和"家长文化程度"等的测量直接采用问卷采集的数据进行分析。

8.3　统计分析结果

8.3.1　家庭理财教育对大学生冲动性消费的主效应分析

为了验证家庭理财教育对大学生冲动性消费影响的主效应，我们将"家庭理财教育"及其四个分维度"教育引导型""溺爱放纵型""干预控制型""焦虑牢骚型"作为自变量，以样本的"性别""专业""年级""家庭所在地""家庭收入""家长文化程度""家长职业"为控制变量，分析他们对因变量"大学生冲动性消费"的影响。

从家庭理财教育对大学生冲动性消费的主效应分析可以看出（见表8-1），家庭理财教育对大学生冲动性消费行为的影响显著（$\beta = 0.22$，$p < 0.01$，模型1）。此结果表明，当前大学生群体中出现的冲动性消费行为与其接受的家庭理财教育状况具有密切的关系，家庭理财教育中存在的一些不科学的因素导致了大学生冲动性消费的产生。在四个分维度中，溺爱放纵型、干预控制型和焦虑牢骚型三种理财教育方式对大学生冲动性消费行为的影响显著（$\beta = 0.25$，$p < 0.01$，模型3；$\beta = 0.07$，$p < 0.01$，模型4；$\beta = 0.21$，$p < 0.01$，模型5）。这一结果表明，家庭对于大学生的花销一味地放松和纵容，对他们的娇生惯养和溺爱放纵可能导致大学生产生冲动性的消费行为；同时，对子女消费过多的干预控制和牢骚焦虑也容易导致他们冲动性消费行为的出现。家庭理财教育对大学生冲动性消费影响的主效应分析结果还显示，教育引导型理财教育方式对大学生冲动消费行为的影响显著（$\beta = -0.075$，$p < 0.01$）。这一结果说明，对大学生在理财方面进行科学的教育引导，能够有效预防大学生冲动性消费行为的产生。

表8-1　　　　　　　家庭理财教育对大学生
冲动性消费影响的回归分析（主效应检验）

变量	模型1	模型2	模型3	模型4	模型5
自变量	家庭理财教育	教育引导型	溺爱放纵型	干预控制型	焦虑牢骚型
因变量：冲动性消费	0.22**	-0.07**	0.25**	0.07**	0.21**

续表

变量	模型 1	模型 2	模型 3	模型 4	模型 5
R^2	0.13	0.09	0.14	0.09	0.12
Adj. R^2	0.12	0.08	0.13	0.08	0.12
F	14.82 **	9.75 **	16.43 **	9.72 **	14.30 **

注：** 代表 $p < 0.01$。

8.3.2　家庭理财教育对大学生冲动性消费的中介效应分析

8.3.2.1　物质主义价值观在教育引导型理财教育与冲动性消费间的中介效应

　　针对调查数据，我们采用经典的逐步回归法进行中介效应分析（见表 8-2）。首先，在控制变量的条件下，做自变量教育引导型对中介变量物质主义价值观的回归，结果发现，对物质主义价值观具有负向显著影响（$\beta = -0.17$，$p < 0.01$，模型 6），这说明教育引导型的家庭教育方式能够强化大学生的物质主义价值观。其次，在控制变量的条件下，做自变量教育引导型和中介变量物质主义价值观对因变量大学生冲动性消费行为的回归，结果发现，物质主义价值观对大学生冲动性消费行为具有显著的正向影响（$\beta = 0.37$，$p < 0.01$，模型 7），物质主义价值观越强的大学生，他们的冲动性消费行为越突出。以上分析说明，物质主义价值观在教育引导型教育方式对大学生冲动性消费行为的影响中起中介作用，即教育引导型理财教育方式越多的大学生，越容易摆脱物质主义价值观的影响，进而远离冲动性消费行为。通过模型 7 可以看到，在物质主义价值观中介作用的基础上，教育引导型教育方式对大学生冲动性消费影响的直接效应不显著（$\beta = -0.01$，$p > 0.05$），这说明物质主义价值观的中介作用是完全中介效应。

表 8 - 2   教育引导型理财教育对大学生
冲动性消费影响的中介效应分析

变量	模型 6	模型 7
因变量	物质主义价值观	冲动性消费
中介变量：物质主义价值观		0. 37 **
自变量：教育引导型	- 0. 17 **	- 0. 01
R²	0. 10	0. 21
Adj. R²	0. 09	0. 20
F	11. 21 **	24. 69 **

注：** 代表 p < 0. 01。

在经典的逐步回归法的基础上，我们采用 Bootstrap 分析程序进行中介效应分析。所得结果显示（见表 8 - 3），教育引导型对冲动性购买影响的总效应显著（95% CI = - 0. 149— - 0. 024），物质主义的中介效应显著（95% CI = - 0. 105— - 0. 046）。

表 8 - 3   中介效应显著性的 Bootstrap 分析

效应	效应值	SE	95% 置信区间	
总效应	- 0. 087	0. 032	- 0. 149	- 0. 024
直接效应	- 0. 011	0. 030	- 0. 071	0. 047
间接效应	- 0. 075	0. 014	- 0. 105	- 0. 046

8. 3. 2. 2　物质主义价值观在溺爱放纵型理财教育与冲动性消费间的中介效应

针对调查数据，我们采用经典的逐步回归法进行中介效应分析（见表 8 - 4）。首先，在控制变量的条件下，做自变量溺爱放纵型对中介变量物质主义价值观的回归，结果发现，对物质主义价值观具有显著的影响（$\beta = 0. 08$，p < 0. 01，模型 8），这说明溺爱放纵型的家庭教育方式能够强化大学生的物质主义价值观。其次，在控

制变量的条件下，做自变量溺爱放纵型和中介变量物质主义对因变量大学生冲动性消费行为的回归，结果发现，物质主义价值观对大学生冲动性消费行为具有显著的正向影响（$\beta = 0.35$，$p < 0.01$，模型 9），物质主义价值观越强的大学生，他们的冲动性消费行为越突出。以上分析说明，物质主义价值观在溺爱放纵型教育方式对大学生冲动性消费行为的影响中起中介作用，即溺爱放纵型理财教育方式越重的大学生，他们的物质主义价值观越强，进而更容易产生冲动性消费行为。通过模型 9 可以看到，在物质主义价值观中介作用的基础上，溺爱放纵型教育方式对大学生冲动性消费影响的直接效应也显著（$\beta = 0.22$，$p < 0.01$），这说明物质主义价值观的中介作用是部分中介作用，即除了物质主义价值观以外，溺爱放纵型理财教育对大学生冲动性消费行为的影响还可能存在其他解释机制。

表 8 - 4　　　　　　**溺爱放纵型理财教育对大学生**
冲动性消费影响的中介效应分析

变量	模型 8	模型 9
因变量	物质主义价值观	冲动性消费
中介变量：物质主义价值观		0.35 **
自变量：溺爱放纵型	0.08 **	0.22 **
R^2	0.08	0.26
Adj. R^2	0.07	0.25
F	8.50 **	31.83 **

注：** 代表 $p < 0.01$。

在经典的逐步回归法的基础上，我们采用 Bootstrap 分析程序进行中介效应分析。所得结果显示（见表 8 - 5），溺爱放纵型对冲动性购买影响的总效应显著（95% CI = 0.226 ~ 0.347），溺爱放纵型对冲动性购买影响的直接效应显著（95% CI = 0.198 ~ 0.311），物质主义的中介效应显著（95% CI = 0. 009 ~ 0. 056）。

表 8 - 5 中介效应显著性的 Bootstrap 分析

效应	效应值	SE	95% 置信区间	
总效应	0. 287	0. 030	0. 226	0. 347
直接效应	0. 255	0. 028	0. 198	0. 311
间接效应	0. 032	0. 012	0. 009	0. 056

8. 3. 2. 3 物质主义价值观在干预控制型理财教育与冲动性消费间的中介效应

针对调查数据，我们采用经典的逐步回归法进行中介效应分析（见表 8 - 6）。首先，在控制变量的条件下，做自变量干预控制型对中介变量物质主义价值观的回归，结果发现，对物质主义价值观的影响不显著（$\beta = -0.02$，$p > 0.05$，模型 10），这说明干预控制型的家庭教育方式对大学生的物质主义价值观无显著预测效应。根据温忠麟、叶宝娟关于中介效应分析的建议，在这种情况下运用 Bootstrap 方法进行中介效应分析。[①] 使用海因斯（Hayes）所开发的 Bootstrap 分析程序进行中介效应分析，所得结果显示（见表 8 - 7），干预控制型对冲动性消费影响的总效应显著（95% CI = 0. 024 ~ 0. 161），干预控制型对冲动性消费影响的直接效应显著（95% CI = 0. 041 ~ 0. 168），物质主义价值观的中介效应不显著（95% CI = - 0. 040 ~ 0. 016）。可见，物质主义价值观在干预控制型对冲动性消费影响中的中介效应不显著。

---

① 温忠麟，叶宝娟. 中介效应分析：方法和模型发展 [J]. 心理科学进展，2014，22（5）：731 - 745.

表 8 - 6　　　　　　溺爱放纵型理财教育对大学生
冲动性消费影响的中介效应分析

变量	模型 10	模型 11
因变量	物质主义价值观	冲动性消费
中介变量：物质主义价值观		0.37 **
自变量：干预控制型	- 0.02	0.08 **
R^2	0.07	0.22
Adj. R^2	0.06	0.21
F	7.90 **	25.63 **

注：** 代表 $p < 0.01$。

表 8 - 7　　　　　　中介效应显著性的 Bootstrap 分析

效应	效应值	SE	95% 置信区间	
总效应	0.092	0.034	0.024	0.161
直接效应	0.104	0.032	0.041	0.168
间接效应	- 0.011	0.014	- 0.040	0.016

8.3.2.4　物质主义价值观在焦虑牢骚型理财教育对冲动性消费中的中介效应

针对调查数据，我们采用经典的逐步回归法进行中介效应分析（见表 8 - 8）。首先，在控制变量的条件下，做自变量焦虑牢骚型对中介变量物质主义价值观的回归，结果发现，对物质主义价值观具有显著的影响（$\beta = 0.13$，$p < 0.01$，模型 12），这说明焦虑牢骚型的理财教育方式反而容易强化大学生的物质主义价值观。其次，在控制变量的条件下，做自变量焦虑牢骚型和中介变量物质主义价值观对因变量大学生冲动性消费行为的回归，结果发现，物质主义价值观对大学生冲动性消费行为具有显著的正向影响（$\beta = 0.35$，$p < 0.01$，模型 13），物质主义价值观越强的大学生，他们的冲动性消费行为越突出。以上分析说明，物质主义价值观在焦虑牢骚型

教育方式对大学生冲动性消费行为的影响中起中介作用，即焦虑牢骚型理财教育方式程度越重的大学生，他们的物质主义价值观反而越强，进而更容易产生冲动性消费行为。通过模型 13 可以看到，在物质主义价值观中介作用的基础上，焦虑牢骚型教育方式对大学生冲动性消费影响的直接效应也显著（$\beta = 0.16$，$p < 0.01$），这说明物质主义价值观的中介作用是部分中介作用，即除了物质主义价值观以外，焦虑牢骚型理财教育对大学生冲动性消费行为的影响还可能存在其他解释机制。

表 8-8　　　　焦虑牢骚型理财教育对大学生
冲动性消费影响的中介效应分析

变量	模型 12	模型 13
因变量	物质主义价值观	冲动性消费
中介变量：物质主义价值观		0.35 **
自变量：焦虑牢骚型	0.13 **	0.16 *
R^2	0.09	0.24
Adj. R^2	0.08	0.23
F	9.76 **	28.50 **

注：* 代表 $p < 0.05$，** 代表 $p < 0.01$。

在经典的逐步回归法的基础上，我们采用 Bootstrap 分析程序进行中介效应分析。所得结果显示（见表 8-9），焦虑牢骚型对冲动性购买影响的总效应显著（95% CI = 0.190 ~ 0.317），焦虑牢骚型对冲动性购买影响的直接效应显著（95% CI = 0.138 ~ 0.257），物质主义的中介效应显著（95% CI = 0.032 ~ 0.081）。

表 8-9　　　　中介效应显著性的 Bootstrap 分析

效应	效应值	SE	95% 置信区间	
总效应	0.253	0.032	0.190	0.317
直接效应	0.197	0.030	0.138	0.257
间接效应	0.055	0.012	0.032	0.081

8.3.3 性别为调节变量的有调节的中介效应模型

8.3.3.1 教育引导型—物质主义—冲动性消费中有调节的中介效应分析

根据温忠麟等[①]的建议，我们首先用逐步回归的方法进行有调节的中介效应分析。在分析之前，将虚拟化的性别和物质主义价值观的平均分进行了中心化处理。基于中心化的数据，分别构造了交互项"教育引导×性别"和"物质主义×性别"。我们首先分析性别对主效应的调节作用（见表 8 – 10），通过模型 14 可以看到，"教育引导×性别"对大学生冲动性消费的影响显著（$\beta = -0.06$，$p < 0.05$），这说明性别负向调节教育引导型理财教育对大学生冲动性消费的影响。

表 8 – 10 性别为调节变量的有调节的中介效应分析

变量	模型 14	模型 15	模型 16
	冲动性消费	物质主义	冲动性消费
中介变量：物质主义			0. 36 **
自变量：教育引导型	– 0. 07 *	– 0. 17 **	– 0. 01
调节变量：性别	– 0. 22 **	– 0. 17 **	– 0. 16 **
交互项：教育引导×性别	– 0. 06 *	– 0. 11 **	– 0. 03
物质主义×性别			– 0. 01
R^2	0. 09	0. 11	0. 21
Adj. R^2	0. 08	0. 10	0. 20
F	9. 56 **	11. 68 **	21. 69 **

注：* 代表 $p < 0.05$，** 代表 $p < 0.01$。

其次，我们通过表 8 – 10 中的模型 15 和模型 16 采用逐步回归法对有调节的中介效应模型进行分析。在第一步中，我们首先分析

---

① 温忠麟，张雷，侯杰泰. 有中介的调节变量和有调节的中介变量 [J]. 心理学报，2006（3）：448 – 452.

了教育引导型理财教育与性别的交互项对大学生物质主义价值观的影响，结果发现，有调节的中介效应模型的前半段路径显著（$\beta = -0.11$，$p < 0.01$，模型 15），在第二步中，我们分析了调节变量对中介效应后半段路径和直接效应的调节作用（模型 16），结果发现，"物质主义 × 性别"对冲动性消费的影响不显著（$\beta = -0.01$，$p > 0.05$），这说明性别没有负向调节物质主义价值观对大学生冲动性消费的影响。本章所假设的有调节的中介效应（前半段）模型成立。

为了深入揭示教育引导型与性别的交互效应，进行简单斜率检验，并取不同性别和教育引导型正负一个标准差的值绘制交互效应图（见图 8-2）。结果发现，在男生群体中，教育引导型对物质主义价值观的负向预测作用显著（$B_{simpl} = -0.19$，$SE = 0.02$，$p = 0.000$，$[-0.24，-0.13]$），而在女生群体中，教育引导对物质主义的负向预测作用减弱（$B_{simpl} = -0.05$，$SE = 0.01$，$p = 0.002$，$[-0.09，-0.01]$）。

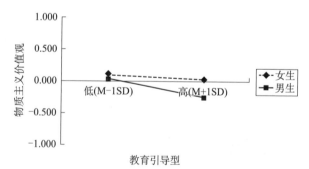

图 8-2　性别在教育引导和物质主义价值观之间的调节作用

同时，对性别在教育引导型与冲动性消费间的调节作用进行简单斜率检验，取不同性别和教育引导型正负一个标准差的值绘制交互效应图（见图 8-3）。结果发现，在男生群体中，教育引导型对冲动性的负向预测作用显著（$B_{simpl} = -0.20$，SE $= 0.05$，p $= 0.00$，[-0.31，-0.09]），而在女生群体中，教育引导型对冲动性消费的负向预测作用不显著（$B_{simpl} = -0.03$，SE $= 0.03$，p $= 0.42$，[-0.10，0.04]）。

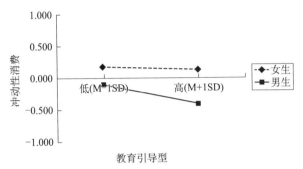

图 8 – 3　性别在教育引导与冲动性消费间的调节作用

8.3.3.2　焦虑牢骚型—物质主义—冲动性消费中有调节的中介效应分析

根据温忠麟等[①]的建议，我们首先用逐步回归的方法进行有调节的中介效应分析。在分析之前，将虚拟化的性别和物质主义的平均分进行了中心化处理。基于中心化的数据，分别构造了交互项"焦虑牢骚×性别"和"物质主义×性别"。我们首先分析性别对主效应的调节作用（见表 8 – 11），通过模型 12 可以看到，"焦虑牢骚×性别"对大学生冲动性消费的影响显著（$\beta = 0.083$，p < 0.01），这说明性别正向调节焦虑牢骚型理财教育对大学生冲动性消费的影响。

---

① 温忠麟，张雷，侯杰泰. 有中介的调节变量和有调节的中介变量 [J]. 心理学报，2006 (3)：448 – 452.

其次，我们通过表 8 – 11 中的模型 13 和模型 14 采用逐步回归法对有调节的中介效应模型进行分析。在第一步中，我们首先分析了焦虑牢骚型理财教育与性别的交互项对大学生物质主义价值观的影响，结果发现，有调节的中介效应模型的前半段路径不显著（$\beta = -0.002$，$p > 0.05$，模型 13），在第二步中，我们分析了调节变量对中介效应后半段路径和直接效应的调节作用（模型 14），结果发现，"物质主义×性别"对冲动性消费的影响不显著（$\beta = -0.014$，$p > 0.05$），这说明性别没有负向调节物质主义价值观对大学生冲动性消费的影响。

表 8 – 11　　　　　性别为调节变量的有调节的中介效应分析

变量	模型 12 冲动性消费	模型 13 物质主义	模型 14 冲动性消费
中介变量：物质主义			0.352 **
自变量：焦虑牢骚型	0.212 **	0.133 **	0.165 **
调节变量：性别	− 0.261 **		− 0.193 **
交互项：焦虑牢骚×性别	0.083 **	− 0.002	0.086 **
物质主义×性别			− 0.014
R^2	0.135	0.092	0.248
Adj. R^2	0.126	0.082	0.238
F	14.049 **	9.063 **	25.843 **

注：** 代表 $p < 0.01$。

本章结果显示，焦虑牢骚型与性别的交互效应对冲动性消费的直接效应显著。为了深入揭示焦虑牢骚型与性别的交互效应对冲动性消费的影响，进行简单斜率检验，并取不同性别和焦虑牢骚型正负一个标准差的值绘制交互效应图（见图 8 – 4）。结果发现，在男生群体中，焦虑牢骚型对冲动性消费的正向预测作用显著（$B_{simpl} = 0.34$，$SE = 0.05$，$p = 0.000$，[0.23，0.44]），而在女生群体中，焦虑牢骚对冲动性消费的正向预测作用减弱（$B_{simpl} = 0.12$，SE = 0.03，p = 0.001，[0.05，0.09]）。

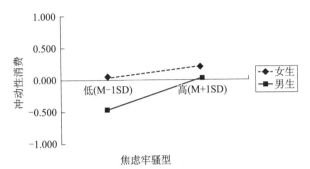

图 8 - 4　性别在焦虑牢骚型与冲动性消费间的调节作用

运用同样的方法，对溺爱放纵型—物质主义—冲动性消费中的有调节的中介作用进行分析（见表 8 - 12），结果显示，性别在溺爱放纵型理财教育对大学生冲动性消费中的调节效应不显著，性别在物质主义价值观对大学生冲动性消费中的调节效应也不显著，溺爱放纵—物质主义—冲动性消费中有调节的中介效应的假设不成立。

表 8 - 12　　　　性别为调节变量的有调节的中介效应分析

变量	模型 15 冲动性消费	模型 16 物质主义	模型 17 冲动性消费
中介变量：物质主义			0.35 **
自变量：溺爱放纵型	0.25 **	0.07 **	0.22 **
调节变量：性别	- 0.17 **		- 0.12 **
交互项：溺爱放纵型 × 性别	0.03	0.05	0.02
物质主义 × 性别			- 0.01
R^2	0.14	0.08	0.26
Adj. R^2	0.13	0.07	0.25
F	15.40 **	8.14 **	27.90 **

注：** 代表 p < 0.01。

8.4 研究小结与实践启示

8.4.1 小结与讨论

本章通过对于家庭理财教育对大学生冲动性消费行为影响机制的分析，可得出以下结论。

（1）家庭理财教育对大学生的冲动性消费行为具有显著的影响。具体表现为：溺爱放纵型、干预控制型和焦虑牢骚型三类理财教育方式会导致大学生冲动性消费行为的产生；同时，教育引导型理财教育能够有效防止大学生冲动性消费行为的出现。

（2）物质主义价值观在家庭理财教育对大学生冲动性消费的影响中发挥中介作用。具体表现为：一是物质主义价值观在教育引导型理财教育方式对大学生冲动性消费的影响中发挥中介作用，即教育引导型的理财方式能够有效弱化物质主义价值观对大学生的影响，进而减少大学生的冲动性消费行为。二是物质主义价值观在溺爱放纵型理财教育对冲动性消费行为的影响中起中介作用，即溺爱放纵型理财教育方式会导致物质主义价值观的出现，大学生一旦确立物质主义价值观，就可能陷入冲动性购买行为的漩涡。三是物质主义价值观在焦虑牢骚型理财教育对冲动性消费行为的影响中起中介作用，即焦虑牢骚型理财教育方式会导致个体物质主义价值观的强化，将占有物质财富视为身份和成功的象征，也会导致大学生冲动性消费的增多。

（3）性别在家庭理财教育对冲动性消费行为的影响中发挥调节作用。具体表现为：性别在教育引导型理财教育对大学生冲动性消费的直接影响中发挥负向调节作用，性别在教育引导—物质主义—

冲动性消费的前半段发挥显著的负向调节作用；同时，性别在焦虑牢骚型理财教育方式对大学生冲动性消费的直接效应中发挥正向调节作用，即对于大学生而言，焦虑牢骚型理财教育方式对男性大学生冲动性消费行为的影响要大于女性大学生。

8.4.2　实践启示

本章分析了家庭理财教育对大学生冲动性行为的影响，研究结果对新时代大学生冲动性消费行为的矫正和引导都具有重要的参考意义。

首先，本章研究结果证明，家庭理财教育与大学生的冲动性消费行为密切相关。大学生冲动性消费行为会影响到自身的生活和学习，导致生活花费的入不敷出，甚至背上沉重的经济负担，从而影响到学业和身体健康。因此，家庭应高度关注这一问题，应强化对子女科学的理财教育，避免溺爱放纵型和焦虑牢骚型的教育方式，通过科学合理的理财教育，帮助子女掌握有效的理财知识。强化进行科学消费所必需的财经素养，才能有效预防冲动性消费行为的产生，同时，也可避免因冲动性消费行为带来的经济拮据和债台高筑。

其次，本章研究结果发现，物质主义价值观对家庭理财教育影响下的大学生消费行为产生重要影响，物质主义价值观反映了个体在家庭理财教育的影响下在消费方面逐渐形成的消费观念，物质主义价值观过强，可能会使大学生过度迷恋物质的力量，将占有物质视为生活的重要目标，这样必然导致大学生在消费上出现不能自已的冲动性购买行为。因而，高校应高度关注大学生消费价值观的教育。就某种意义而言，消费行为是个体消费观的反映和呈现，积极的消费观能够使个体产生科学理性的消费行为，而消极的消费观可能导致个体出现诸多不良消费行为。因而，高校应强化大学生的消费价值观教育，通过开设消费相关的选修课程，帮助大学生树立科学理性的消费观，摒弃奢侈浪费的不良消费观。

最后，家庭应该关注不同性别大学生的消费引导问题。本章结果显示，性别在教育引导型—物质主义价值观—冲动性消费的前半段发挥调节作用。换而言之，相较于男性大学生，教育引导型理财教育对于女大学生物质主义价值观的影响明显弱化。因而，要更加重视引导女大学生摒弃物质主义价值观的侵蚀，帮助她们树立科学理性的消费价值观。同时，女大学生在教育引导型对冲动性消费的主效应中负向预测作用不显著，也提示我们必须高度重视对于女大学生冲动性消费行为的科学引导。在焦虑牢骚型理财教育对大学生冲动性消费行为的主效应中，性别具有显著的调节作用。换而言之，焦虑牢骚型理财教育方式对男大学生冲动性消费行为的影响要大于对于女大学生的影响。因而，要避免男大学生冲动性的消费行为，家庭应减少对于男大学生的焦虑牢骚型的理财教育方式，帮助他们掌握科学有效的理财知识，提升日常生活中的理财能力，注重他们科学消费观的培养，帮助他们树立理性的消费观，祛除他们产生冲动性消费的思想观念和心理因素。

第9章 结论与对策

9.1 研究结论

纵观本书前面各章的研究，可以得到以下结论。

（1）家庭理财教育方式总体是健康的。家庭理财教育方式的四个维度得分顺序为：教育引导型＞干预控制型＞溺爱放纵型＞焦虑牢骚型。对家庭理财教育进行人口学变量上的差异性分析，结果显示，在性别差异方面，家长对男性子女的教育更多、更严，而对女性子女的理财教育相对宽松；在是否独生差异方面，独生子女家长对于子女教育引导比非独生家长更多，与之相伴的是，独生子女家长的焦虑牢骚教育也更多；在生源地差异方面，城市家长在溺爱放纵型和焦虑牢骚型两种教育方式上比农村家长要多；在家长年龄差异方面，40岁以下家长的焦虑牢骚型教育方式比其他年龄段的家长要多；在家长学历差异方面，存在着高学历家长教育引导方式多与干预控制型教育方式也多的矛盾现象；在收入差异方面，存在着低收入家庭因生活拮据更出现更多的焦虑牢骚型教育方式，也存在着中等收入家庭因维持阶层地位而出现更多的焦虑牢骚型教育方式。

（2）大学生消费行为呈现多元化趋势，总体特征是积极健康的。大学生消费行为的四个维度得分顺序为：求实性消费＞冲动性消费＞攀比性消费＞超前性消费。对大学生消费行为进行人口学变量上的差异性分析，结果显示，在性别差异方面，男生在超前性消费上显著高于女生，而女生比男生存在更多的冲动性消费；在是否独生差异方面，独生大学生在冲动性消费方面显著高于非独生大学生；在生源地差异方面，城市大学生比农村大学生更容易产生攀比性消费，农村大学生比城市大学生存在更多的求实性消费和超前性消费；在专业差异方面，文科大学生比理工科大学生存在更多的求实性消费、攀比性消费和冲动性消费，理工科大学生比文科大学生存在更多的超前性消费；在年级差异方面，与其他年级相比，大二学生的攀比性消费和冲动性消费最为突出；在家庭收入差异方面，大学生求实性消费大体上与其家庭收入呈反方向变化，中等收入家庭的大学生的攀比性消费显著高于收入较低家庭的大学生，收入最低家庭的大学生的超前性消费均高于其他家庭的大学生，中高收入家庭大学生的冲动性消费行为最为突出；在家长年龄差异方面，家长在 40 岁以下的大学生的攀比性消费和超前性消费行为较为突出；在家长学历差异方面，家长为高学历的大学生比其他大学生存在更多的攀比性消费。

（3）家庭理财教育对大学生求实性消费的影响。家庭理财教育对大学生的求实性消费行为具有显著的影响，具体表现为，溺爱放纵型和焦虑牢骚型两类理财教育方式会消解大学生的求实性消费行为。同时，教育引导型理财教育未能有效促使大学生产生求实性消费行为。在溺爱放纵型理财教育对大学生求实性消费行为的影响过程中，物质主义价值观在溺爱放纵型理财教育对求实性消费行为的影响中起中介作用，即溺爱放纵型理财教育方式会导致物质主义价值观的强化，大学生一旦确立物质主义价值观，就可能阻滞求实性消费的出现。在焦虑牢骚型理财教育对大学生求实性消费行为的影响过程中，物质主义价值观在焦虑牢骚型理财教育对求实性消费行为的影响中起中介作用，即焦虑牢骚型理财教育方式会导致个体物质主义价值观的强化，将占有物质财富视为身份和成功的象征，也会导致大学生求实性消费的减少。家庭理财教育对求实性消费行为影响中存在有调节的中介效应。具体表现为：性别在焦虑牢骚型—物质主义—求实性消费（后半段）中存在有调节的中介效应，同时，性别在焦虑牢骚型对求实性消费的直接影响中的调节效应也显著，性别在溺爱放纵型—物质主义—求实性消费（后半段）中存在有调节的中介效应。

（4）家庭理财教育对大学生攀比性消费行为的影响。家庭理财教育对大学生的攀比性消费行为具有显著的影响，具体表现为，溺爱放纵型和焦虑牢骚型两类理财教育方式会导致大学生攀比性消费行为的产生。干预控制型的理财教育方式对大学生攀比性消费的影响未达到显著水平。在溺爱放纵型理财教育对大学生攀比性消费行为的影响过程中，金钱态度在溺爱放纵型理财教育对攀比性消费行为的影响中起中介作用，具体表现为，溺爱放纵型理财教育方式会使"金钱即权力—名望"观念得到强化，大学生一旦确立"金钱即权力—名望"的观念，就可能陷入攀比性购买行为的漩涡。在焦虑牢骚型理财教育对大学生攀比性消费行为的影响过程中，金钱态度在焦虑牢骚型理财教育对攀比性消费行为的影响中起中介作用，即焦虑牢骚型理财教育能够显著强化金钱为权力与名望的象征的观念，进而增加大学生攀比性消费的行为。焦虑牢骚型理财教育不利于大学生很好地对财务进行规划，从而容易导致其产生攀比性消费行为。

（5）家庭理财教育对大学生超前性消费的影响。家庭理财教育对大学生的超前性消费行为具有显著的影响，具体表现为，教育引导型、溺爱放纵型、干预控制型和焦虑牢骚型四种理财教育方式都会导致大学生超前性消费行为的产生。教育引导型理财教育对超前性消费的直接影响效应显著，同时，也可通过金钱态度对超前性消费产生间接影响。其间接影响具体表现为，教育引导型可有效祛除大学生对金钱的不信任和忧虑，同时，可通过有效强化大学生的财务规划意识，进而克服过度超前性消费行为的出现。溺爱放纵型理财教育对大学生超前性消费的直接效应未达到显著水平，其主要表现为间接影响。这种间接影响主要表现在溺爱放纵型理财教育方式可助长大学生将金钱视为权力名望的观念，进而产生过度的超前性消费。干预控制型理财教育对大学生超前性消费的直接影响显著，同时，也可通过金钱态度对超前性消费产生间接影响。干预控制型理财教育方式对大学生超前性消费的间接影响表现在两个方面：一方面，干预控制能够有效增加子女对金钱的忧虑感，进而减少超前性消费行为；另一方面，干预控制也可强化子女将金钱视作权力名望的观念，进而增加超前性消费行为。焦虑牢骚型理财教育对超前性消费的直接效应显著，同时，也通过金钱态度对超前性消费产生间接影响。其间接影响主要表现为，焦虑牢骚型理财教育能够强化子女将金钱视作权力名望的观念，从而增加超前性消费；焦虑牢骚型理财教育会导致子女不能很好地规划消费支出，进而产生超前性消费。

（6）家庭理财教育对大学生冲动性消费行为的影响。家庭理财教育对大学生的冲动性消费行为具有显著的影响，具体表现为，溺爱放纵型、干预控制型和焦虑牢骚型三类理财教育方式都会导致大学生冲动性消费行为的产生，而教育引导型理财教育能够有效防止大学生冲动性消费行为的出现。物质主义价值观在家庭理财教育对大学生冲动性消费的影响中发挥中介作用。具体表现为：一是物质主义价值观在教育引导型理财教育方式对大学生冲动性消费的影响中发挥中介作用，即教育引导型的理财方式能够有效弱化物质主义价值观对大学生的影响，进而减少大学生的冲动性消费行为；二是物质主义价值观在溺爱放纵型理财教育对冲动性消费行为的影响中起中介作用，即溺爱放纵型理财教育方式会导致物质主义价值观的出现，大学生一旦确立物质主义价值观，就可能陷入冲动性购买行为的漩涡；三是物质主义价值观在焦虑牢骚型理财教育对冲动性消费行为的影响中起中介作用，即焦虑牢骚型理财教育方式会导致个体物质主义价值观的强化，将占有物质财富视为身份和成功的象征，也会导致大学生冲动性消费的增多。性别在家庭理财教育对冲动性消费行为的影响中发挥有调节的中介作用。具体表现为：性别在教育引导型理财教育对大学生冲动性消费的直接影响中发挥负向调节作用，性别在教育引导—物质主义—冲动性消费的前半段发挥显著的调节作用；同时，性别在焦虑牢骚型理财教育方式对大学生冲动性消费的直接效应中发挥正向调节作用。

9.2 大学生消费行为的引导策略

9.2.1 重视家教家风，优化家庭的理财教育

9.2.1.1 注重言传身教，树立良好的家教家风

家庭是青少年成长的首要环境，家教家风对子女的影响往往伴随其一生。习近平总书记高度重视家庭家教家风的培养，他强调，不论时代发生多大变化，不论生活格局发生多大变化，我们都要重视家庭建设，注重家庭、注重家教、注重家风。国家已经把家教家风建设提上重要日程，在顶层设计上谋划家教家风的培养举措。2016 年，教育部等九部门印发的《关于防治中小学生欺凌和暴力的指导意见》要求，家长要注重家风建设，加强对孩子的管教，注

重孩子思想品德教育和良好行为习惯培养。同年，教育部等部门印发的《关于指导推进家长家庭教育的五年规划（2016—2020）》将学生的健康人格和良好社会行为培养过程中家庭的重要性提升到了新的高度。2021年，《中华人民共和国家庭教育法（草案）》提请全国人大常委会审议，家庭教育正式纳入国家教育事业发展规划和法治化治理轨道。2022年1月1日，由全国人大常委会审议通过的《家庭教育促进法》正式开始实施。家庭是孩子的第一课堂，父母是孩子的第一任老师。父母应共同构筑家庭文化和家风，通过家庭文化和家风涵养孩子的性格与习惯。

本书的研究结果显示，家庭教育尤其是家庭理财教育，是大学生消费行为的重要影响因素。新时代大学生消费行为的引导应重视家庭教育的作用，应从家庭、家教、家风入手，努力提升包含理财教育在内的家庭教育的科学性和有效性。首先，要营造良好的家风。父母要善于在家中营造勤俭节约、科学理财、合理消费的良好风尚，通过向子女讲述家训要求、家风传统，强化子女对家训、家风的认知和感悟，通过家训、家风的熏陶，努力在家庭中营造勤俭节约、向上向善的良好家庭风尚。① 其次，做好优良家风的传承。就每个家庭而言，应该把家教、家风摆在家庭生活的重要位置。努力继承我们吃苦耐劳、勤俭持家、量入为出等优良的传统。家长要根据子女的成长规律和不同年龄段的身心特点，用正确思想、正确行动、正确方法培养子女，使子女从小养成好思想、好品行、好习惯，以正确世界观、人生观、价值观积极处事，以高尚品德融入社会，以健全人格成就自我。最后，家长要注重以身作则、言传身教。家长的消费理念直接影响着子女的消费观，家长要以身作则，

---

① 新时代家庭家教家风一席谈：做怎样的父母，树何等的家风 [EB/OL]. https://m.gmw.cn/baijia/2021-04/15/34765015.html.

不盲目追求高消费，反对铺张浪费，把对子女的消费观教育放到重要位置，积极引导子女认清消费过程中的风险和问题，认清在网络消费过程中的合理消费和不合理消费。家长可以通过自身的榜样作用，为子女做表率，从思想上和行动上言传身教，培养子女树立健康的消费观念，从根源上培养子女的理性消费意识。杜绝盲目攀比、缺失诚信的不良网络消费行为出现，自觉抵制享乐主义、拜金主义、个人主义的不良价值倾向，引导子女懂得对幸福的追求应立足于现状，通过努力奋斗获得财富，通过不断奋进实现人生跨越。

9.2.1.2　注重思想沟通，培养子女科学的消费观

家庭教育对于子女的影响是潜移默化的，这种潜移默化很多时候体现在教育理念的传输和浸润之中。本书研究结果显示，大学生的消费价值观在大学生消费行为中发挥着重要的作用。家庭应注重与子女的思想沟通，培养子女科学的消费观。首先，要培养节俭的消费观。勤俭节约是中华民族的传统美德，也应是新时代大学生科学消费观的应有之义。当然，勤俭节约并不是要求大学生节衣缩食、清心寡欲、过苦行僧般的生活，而是希望大学生能够俭以养德，减少不必要的消费支出，把金钱花费在提升自己的必要方面，通过节俭消费观教育，使大学生形成以俭为美的德性观和价值观。其次，要培养绿色的消费观。随着生态环保观念的深入人心，绿色消费观也成为培养大学生科学消费观念的重要内容。绿色消费观不仅意味着在消费时选择绿色、无污染、无公害的消费产品和消费方式，更代表着一种更为健康和文明的生活方式。步入新时代，绿色健康的生活方式成为美好生活的重要内容，也是当前社会发展的必然趋势。我们应该强化大学生的生态环保意识，使他们明晰建设美丽中国的重大意义，引导他们顺应时代发展要求，自觉树立绿色环保的消费观念，争做绿色生活方式的践行者。最后，要培养理性消

费观。本书的研究结果显示，非理性的消费观是导致大学生产生不良消费的重要因素。帮助大学生树立理性消费观对大学生消费行为的引导具有重要的作用。理性消费观是指在消费过程中不被外在因素所诱惑的理性消费观念。具备理性消费观，大学生就能够清晰认知自身消费水平、理性抉择消费内容、准确预测消费过程。家长应积极引导大学生继承勤俭节约的传统美德，坚决反对骄奢淫逸、攀比炫耀的不良风气，努力摒弃非理性的消费观，积极完善自身消费结构，以科学理性的消费观念指导自身的消费行为。总之，家庭对于大学生科学消费观的培养发挥着重要的作用，父母对于子女的消费状况要多加关注，多与他们进行沟通交流，帮助他们树立科学的消费观念。

9.2.1.3　优化理财教育，提升子女的理财技能

由于大学生脱离父母在外生活，因此积极掌控子女的消费动向、对子女的消费进行科学的指导显得非常重要。首先，家长要善于与子女沟通。沟通是引导的重要前提，家长要重视改善与子女的沟通方式。本书的研究结果显示，焦虑牢骚型的教育方式会导致大学生攀比性消费、超前性消费、冲动性消费等非理性消费方式的出现。之所以出现这样的现象，本质而言属于沟通出现问题所致。在子女的消费上，父母若过于焦虑，一味地抱怨，就可能使子女产生逆反心理，反而容易出现无节制的消费。父母要真正将子女当作朋友看待，平等地与他们交流，在与他们交流的过程中，要避免焦虑和抱怨，可通过讲故事的方式向他们渗透科学消费的理念，通过自身的勤俭作风感染子女，讲故事方式可使子女更易于接受父母的观点，良好的榜样示范更能使子女产生心理认同。其次，优化家庭理财教育方式。本书的研究结果显示，在对子女进行理财教育的过程中，应竭力避免溺爱放纵式的教育方式，对子女的一味宠爱和放

纵，会使他们养成贪图享乐、好吃懒做的不良习性，从而产生诸多不良的消费行为。家长在理财教育中对子女完全不信任，一味地进行干预和控制，很容易导致子女产生叛逆心理，反而助长了他们不良消费倾向。在理财教育中，家长的焦虑和牢骚太多，也会滋生子女的物质主义倾向，导致他们出现冲动性消费行为。因而，在家庭理财教育中，应竭力避免溺爱放纵、干预控制、焦虑牢骚等不良的教育方式，注重优化家庭理财教育方式，提升家庭理财的教育引导水平，实现对子女理财能力的有效提升。最后，提升子女的理财技能。树立正确的金钱观念，教育子女以平和的心态看待金钱，做金钱的主人，不为金钱所奴役，通过自己的劳动获得合法的收入，避免为了金钱而不择手段甚而铤而走险，出现违法乱纪的行为。要有意识地培养子女的理财意识，帮助子女学会做预算，让子女学习记账，在生活中按照事先的预算，合理规划自己的消费用度，规范用钱的额度和方向。培养子女的理财技能，让子女自己支配手中的零用钱，教他们管好钱，通过零用钱保管、运用的切身实践，培养子女基本的金融知识和技能，教育子女懂得一定的商品知识和购物尝试。积极鼓励子女参与家庭经济决策和管理，使子女明白家中每月的收支状况，鼓励孩子参与家中的投资决策，学习投资理财，合法合理获取投资红利。

9.2.2 推动家校共育，加强高校的财商教育

9.2.2.1 优化校园文化，引领校园消费潮流

校园文化是影响大学生学习发展的重要因素，良好的校园文化有助于大学生的健康成长和发展进步。学校应该倡导勤俭节约、反对奢侈的消费文化，将营造科学理性的消费文化纳入校园文化建设

之中。高校应该积极开展丰富多彩的文化活动，引导大学生树立正确的金钱观和消费观。第一，利用虚拟空间，弘扬优秀消费文化传统。当前高校的校园网是学生浏览通告、接收信息、下载资讯等活动的重要渠道。针对大学生消费引导可以从完善校园网络平台着手，在这个平台中开设针对大学生消费观教育的专栏，发布关于大学生消费指导的信息；同时，可以在校园网平台上增设网络消费文化的展示专栏，充分利用校园网对大学生进行世界观、人生观、价值观的教育。第二，引导消费时尚，矫正不良消费风潮。大学生的不良消费行为很多源于生活中的消费潮流。大学生中出现的炫耀之风、攀比之风，无形中就可能助长部分大学生的攀比性消费和超前性消费。高校管理者应积极营造理性平和、求实朴素的消费时尚，坚决抵制奢靡浪费、盲目攀比的不正之风，对于纸醉金迷、奢侈腐化的消费风潮要彻底抵制、严肃批判，并作为反面典型加以广泛的警示教育和惩戒宣传。高校管理者要高度重视网络消费引导的重要性，立足网络思想政治教育主阵地，积极设置大学生喜闻乐见的消费议题，吸引大学生参与消费时尚和风潮的讨论，适时把握议题讨论的关键节点，主动引领大学校园消费的时尚风潮，坚决抵制奢靡之风、不良风潮。第三，严格制度规范，消除不良消费倾向。高校应强化勤俭节约、反对浪费的观念，并把这些观念具体化为大学生的行为准则，写进学校治理的规章制度之中，以严格的制度规范，约束大学生的非理性消费行为，消除他们的不良消费倾向。除了制度规范外，举行各类活动也是消除不良消费倾向的有效方法。班级之间、宿舍之间，可开展常规性的"消费先进个人""文明消费宿舍"的评比，可以定期评选出"科学消费先进个人""文明消费宿舍"，并给予一定的鼓励，从而强化大家勤俭节约、理性消费的观念，大力营造大学生合理消费的良好校园氛围。

9.2.2.2　开设相关课程，培养理性消费价值观念

课堂教学系统传授理论知识，是引导大学生形成正确消费观的主渠道。目前，高校的课程设置只有经济学领域涉及消费问题，只有经济学相关专业有消费观教育内容，其他学科领域和专业几乎没有提及消费问题。然而，每个大学生都是消费者，许多大学生都广泛地存在消费问题，需要改变不良的消费观念、纠正不合理的消费行为，离不开系统的消费观教育。因此，高校应调整课程设置，把消费观教育纳入公选课范畴，引导大学生树立正确的消费观，规范他们的消费行为。一方面，在思想政治理论课中充实消费观教育的内容。健康的消费心理、高尚的消费道德不仅是正确消费观形成的前提，而且还是合理的消费行为的航标。思想政治理论课是各高校的必修课，消费心理与消费道德应是高校思想政治理论课的重要内容，大学生的消费行为正是消费心理和消费道德的集中反映，加强思想政治教育来促使大学生树立正确的消费观，必然要有针对性地实施消费心理和消费道德教育。高校思想政治理论课应有针对性地对大学生进行消费价值观的教育，培养大学生树立健康的消费观，帮助大学生认识什么样的消费才是合理消费，什么样的心理致使其消费出现问题，引导大学生从理性的高度认识其消费观念及消费心理，进而摒弃攀比消费、冲动消费、炫耀消费等不合理的消费行为。另一方面，通过开设一定的选修课程强化大学生的消费教育。为使大学生能养成更合理的消费习惯，学校可以开设有关消费理财的选修课。当前的高校思想政治教育工作对于大学生的消费问题还缺乏深入的研究，尤其是对于大学生群体的网络消费心理和消费行为，以及实际的消费状况缺少关注，因此在高校思想政治教育中很少涉及与网络消费观相关的主题教育活动，缺乏具有针对性的网络消费教育引导。因此，要倡导"绿色"的网络消费观，要充分利用

选修课课程教学，为大学生普及网络消费常识。

9.2.2.3 发挥朋辈作用，疏导不良消费行为方式

在从校园文化入手和坚持思想政治教育引导的同时，我们还应该开拓更多的教育渠道。社团是大学生自己的组织，以社团为平台开展消费行为的教育活动更能贴近大学生的实际，更能深入大学生的内心，发挥社团组织的教育作用是大学生消费行为引导行之有效的方式。第一，要做好消费警示教育。高校可依托学校经济相关社团开展大学生非理性消费的负面典型案例宣传，广泛收集高校中发生的负面消费案例，通过发生在自己身边的真实事例，引导大学生强化消费防范意识，提高他们安全消费的观念。第二，要注重社团活动创新。根据大学生消费者的群体特征和消费特点，各个社团可开展有针对性的教育引导活动，如开展科学消费观为主题的演讲大赛、举办关于"金钱是否是万能的"辩论赛，通过活动中的讨论和争辩，使广大学子自觉抛弃物质主义的价值观，树立科学的金钱观和消费观，把大学生的消费行为引向正确的方向。第三，要突出消费理念引领。将科学的消费理念蕴含于高校各类社团的文艺展示、歌咏比赛、文化讲座等丰富多彩的活动中，通过活动积极建设科学、健康、理性的消费文化，坚决反对过度消费、奢侈消费、炫耀消费的不良倾向。通过英雄人物纪念活动、历史纪念日、传统节日等活动，激励大学生的爱国热情和奉献精神，增强大学生的诚信意识和责任意识，促进大学生科学世界观、人生观和价值观的形成。

9.2.3 实施家社联动，营造良好的消费环境

9.2.3.1 强化监管力度，抑制虚假营销的影响

作为社会治理的主体，政府应致力于打造一个公平、理性的消

费市场，加大对于消费促销陷阱的监察、监管和惩戒力度，坚决整治网购销量和网购评价的造假行为，逐步完善网购监管的法律法规，建立科学规范的网上商家监管和评价机制。一是强化监管力度。政府应针对网络消费设立相关监管部门，加大对各类消费网站、网络系统的监督和管理力度，严格规范网售主体的销售行为。通过加大监管力度，更好地为网络消费服务，为广大大学生营造一个放心消费的网购环境。二是完善法律法规。要完善和规范大学生消费的法律法规，在互联网的建立、运营和监管各环节进行严密的把控，杜绝网络消费中的不法行为，建立网络监督的长效机制，加强网络监管和行政执法力度，促使互联网经营形成依法守法的良好秩序。此外，也要以法律手段监管网络消费平台的信息发布，杜绝消费陷阱的出现。三是打造示范网络消费平台。政府出台政策打造示范性的便民消费平台，对入驻平台的商家进行严格考核，规范网络消费市场。加强对网售主体的道德约束，提高其思想觉悟，杜绝各类网络消费陷阱出现，从技术排查、内容审核、文明经营等方面加强管理，营造良好的网络销售环境。

9.2.3.2　注重舆论引导，营造良好社会氛围

随着网络时代的来临和智能手机的普及，新媒体已成为大学生接收消费信息、认知消费文化的重要途径。与此同时，新媒体也日益成为各类商家对大学生加强广告宣传的重要载体。某些媒体打着学术研究的旗号，借助网络向大学生传播消费主义思潮，对大学生的消费倾向产生了较大的负面影响。面对不良消费思潮的渗透和侵蚀，我们应该发挥新媒体在大学生消费引导中的积极作用，竭力消除无良媒体消费误导的负面影响。本书的研究结果显示，大学生不良消费的出现与"物质主义""金钱至上"等价值趋向有着密切关系，因而，广大媒体应大力弘扬勤俭节约的消费文化，在全社会广泛宣传适度消费、绿色消费、理性消费的观念，反对铺张浪费、奢

靡享乐的风气，引导大学生适度合理消费，减少对于"疯狂抢购"现象的炒作，避免对于疯狂购物的推波助澜。做好舆论引导工作，还要注重提升主流网媒的吸引力。主流网媒应注重信息更新，及时回应大学生的心理诉求，坚决遏制谣言和不良信息的肆意传播，促进大学生消费判断能力的提升，大力弘扬正能量，促进真善美在社会的广泛传播，使主流网媒真正成为大学生的心灵港湾和精神家园。

9.2.3.3 发挥平台作用，强化商家规则意识

网购环境中种类繁多的促销陷阱是导致大学生消费过度的重要因素，而平台对于商家缺乏严格的监管是导致促销陷阱频发的重要原因。因此，发挥平台的主体监管责任，对于规范商家的不当促销行为、构建良好的网络购物环境具有重要的意义。一方面，网购平台应切实履行监管责任。网购平台应重点加大对于网购促销陷阱的监管力度，坚决惩戒网购销量和网购评价的造假行为，不断完善对于网上商家的监管和评价机制。另一方面，网购平台应强化商户的法治观念和规则意识。个别网上商家唯利是图、以次充好欺骗消费者的行为，不仅给大学生消费者带来了经济损失，同时也给他们的身心造成了一定程度的伤害。因而，网购平台应强化广大商户的法制观念和规则意识，督促广大商户诚实守信合法经营。对于频繁违规、屡教不改的商户，应毫不手软严肃处理，果断地将其清除出网购平台，为广大消费者营造健康有序的购物环境。

9.2.4 注重自我教育，提升个体的财经素养

9.2.4.1 合理规划大学生活，培养健康的兴趣爱好

首先，制定合理的生活消费规划。当代大学生要自觉发扬艰苦

奋斗的优良传统，树立勤俭节约的优良作风，坚决抵制奢侈浪费、攀比消费的不正风气。在生活中，大学生要严格要求自己保持勤俭节约的习惯，不攀比消费，不追求奢侈消费。提升自制力可通过制定具体、严格的生活规划并严格地执行来逐步实现，比如可在网购时间上设定时限，并给自己设定奖惩机制；在网购花费上，可以给自己的支付宝和网上银行卡等设置最高消费额度，在消费支出上制约自己的网购冲动。其次，培养健康的兴趣爱好。大学生应积极参加学校的各类竞赛和社团活动。参加这些活动可增加与其他同学的沟通和交流，促进自身在互相竞技和共同协作中探寻自己的兴趣和专长领域，当他们发现了自己的真正兴趣和爱好时，就会将更多的精力投入到专长技能的培植之中，也自然会远离不良消费的困扰。最后，应营造和谐的人际环境。获得更多的社会支持，在一定程度上有利于减轻个体对于购物的迷恋和成瘾。[①] 因而，大学生应注重和谐人际关系的营造，积极加强与辅导员的沟通，主动向他们倾诉自己的思想困惑，寻求辅导员的指导和帮助。应善于与身边同学平等交流共同协作，培植深厚的友谊，赢得身边同学的信任和支持。当自己拥有强大的社会支持系统后就可以有效驱除心理压力，减少陷入不良消费旋涡的机会。

9.2.4.2 调适消费心理，矫正不良的消费行为

思想是行为的先导，个体行为的产生与其思想观念具有密切联系。同理，大学生出现的不良消费行为，与其消费观念和心理关系紧密。大学生在消费中存在着一些不当心理，导致了他们盲目地进行过度消费。首先，存在攀比心理。有些大学生总是拿自己和别人

---

① 陈剑梅，蒋波. 网络购物成瘾的临床症状、形成机理与心理干预 [J]. 前沿，2010（3）.

做比较，当发现身边的同学购买了某种物品，自己也想要拥有，以获得心理上的平衡。其次，存在虚荣心理。一些大学生有一种虚荣的心理，乐于购买贵重而不实用的东西以满足自己的虚荣心。最后，存在炫耀心理。一些大学生为了突出自己的优越地位，习惯于通过超前消费和奢侈消费来显示自己的优越性，炫耀自己的实力。当前，大学生消费心理的调适，要着重开展虚荣、炫耀心理的引导。虚荣、炫耀心理是不良消费行为产生的重要根源，各类聊天工具和交友平台为部分大学生的虚荣、炫耀行为提供了滋生土壤，虚拟空间炫耀而获得的点赞，会使炫耀者无形中产生莫名的优越感，进而极易陷入无度消费的旋涡而不能自拔。新时代的大学生，应该认识到在网络上炫耀奢侈消费是一种浅薄的行为，这种行为并不能给自己带来真正的社会认可，反而会遭致嫉恨，还可能祸及家人。新时代的大学生应自觉摒弃虚荣、炫耀心理，自觉践行求实、理性的消费观，将主要时间和精力投入到有意义的学习和实践之中。

9.2.4.3 学习理财技能，提升自身的财经素养

大学生的消费引导最根本的是帮助大学生强化理财意识、增长理财技能、提升自身的财经素养。首先，提高消费安全意识。当前大学生的消费很多是通过网络实现的，网络消费具有两面性，它在给大学生带来便捷的同时，也充斥着一定的陷阱和风险。大学生应当正确认识网络消费的两面性，提高自我保护能力和安全防范意识，不轻信虚假的网络消费信息。在消费时要选择正规网站，不贪图小利，要对消费对象进行全面的了解和客观的评估以免受骗。同时，要提高网络消费识别能力，不跟风、不攀比，并且在交易时要选择正规的交易渠道，掌握网络消费中的主动权。其次，强化自身的理财意识。大学生应该树立理性的消费观念，不盲从、不攀比，通过网络满足自身消费需求的时候要明确自己的真实需要，在消费

时要做到有规划、有目的，选择自己真正需要的产品，在每一阶段要做到合理规划，对于网络消费的支出额要有一个明确的限制，并做好每笔消费交易记录。作为新时代大学生，要有抵制诱惑的能力，避免沉迷于网络消费，努力培养自己科学合理的消费规划意识。最后，主动提升理财技能。随着经济的发展和社会的进步，加强大学生个人理财教育、提高大学生自身的理财能力显得格外重要。为提高理财能力，大学生自身应努力学习理财知识，积极掌握理财技巧。经验表明，学会记账和编制预算是做好理财的最有效的方法之一。通过记账可以了解自己的消费情况，有针对性地克制一些盲目消费；通过编制预算可以增加消费的计划性，避免无节制的冲动消费。① 大学生也可主动尝试一些低风险的理财产品，这样既可以在一定程度上约束自己随意支出，也可以获得一些额外收益，抵销自己的一部分生活费用，减轻家庭的负担。通过有益尝试和体验，深化对于理财的认知，增强进行理财的观念，提升开展理财的技能。

9.3　研究局限与展望

9.3.1　研究局限

（1）本书所编制的家庭理财教育方式问卷和大学生消费行为问卷需要在以后的研究中不断地收集数据资料加以验证和修订。（2）由于时间和精力的限制，本书主要通过问卷法和数理统计法

---

① 张海霞. 荣辱观视野下大学生理财教育探析［J］. 教育探索，2007（12）：49 -
50.

进行探讨，基于问卷法和统计法的局限性，应采取多元的方法，如质性研究方法来弥补其缺陷，保证研究的科学性。（3）由于受笔者的知识经验所限制，在考察影响家庭理财教育方式和大学生消费行为的影响因素时，尚有部分因素未考察到。同时，在对某些结论的解释上，也缺乏理论支持，期待在以后的研究中得到进一步完善。

9.3.2　研究展望

（1）运用大数据探究大学生消费行为。随着智能化时代的来临和大数据技术的成熟，运用大数据探究大学生消费行为的条件和时机也日益成熟。我们通过对于大学生浏览信息的"抓取"，能够及时发现大学生消费的兴趣和内容；通过大学生对消费时尚的评价，可观测到他们的消费价值观；通过在网络主动设置消费议题，可有效引导大学生培养积极的金钱观和消费观。总之，通过大数据可以深入了解大学生消费行为的现状、特征及其影响因素，并在此基础上，更有针对性地做好大学生消费的引导工作。

（2）运用质性研究方法探讨家庭因素对大学生消费行为的影响机制。本书主要基于问卷调查，对大学生的消费现状和特征进行分析，探究大学生不良消费的产生也主要运用量化研究的方法进行。尽管量化研究有其长处，但也不可避免地具有模式化和缺乏对深度内省资料探测的短板。针对量化研究的短板，质性研究通过典型个案的剖析能够深入探究问题背后的深层次原因，有助于发现解决问题行之有效的方法。因而，运用质性研究方法开展家庭教育对大学生不良消费行为的研究，更加有利于发现家庭理财教育方式对大学生消费行为影响的深层机制，也更加有利于探究开展大学生消费行为引导的有效策略。

（3）建构基于"家—校—社—国"体系的大学生消费引导路

径。家庭是影响大学生消费的重要因素。而要开展科学有效的大学生消费引导工作，不能仅仅依靠家庭，也不能单纯依赖学校，更不能将问题推给政府和社会，而是应该统筹兼顾、协同合作，构建基于"家—校—社—国"为主体的消费引导共同体。家庭是大学生消费引导的重要基础，学校是大学生消费引导的主要阵地，社会是大学生消费引导的关键支撑，政府是大学生消费引导的重要保障。家庭重在消费启蒙，学校重在价值引领，社会重在环境营造，政府重在规制约束，构建"家—校—社—国"相互协调、相向而行的综合引导体系是大学生消费引导的必然选择。

附　　录

附录1　访谈提纲

1. 您认为当前大学生的消费可以分为哪几种类型？
2. 您的消费属于哪种类型？
3. 家长有没有对您进行过理财和消费方面的教育？
4. 平时家长的一些消费和理财建议是否影响到您的消费行为？

附录2　大学生消费行为、家庭理财教育方式开放式问卷

亲爱的同学：

　　您好！

　　我们每天都在进行消费，但是我们每个人的消费方式各不相同。您周围同学的消费都有哪些特点？您的消费属于哪种类型？家长是如何对您进行理财教育和消费引导的？您的回答将有助于我们的研究。谢谢您的填写！

　　性别：　　　　　　生源地：农村（　　）　　城镇（　　）

1. 请用"消费"或"花钱"开头，写下一些句子，说明您对消费的态度。

2. 请问您的消费有哪些特点？

3. 请回忆您的家长是如何对您进行有关理财和消费方面的教育的，比如，他们曾告诉您应该如何获取、利用、支配金钱？

附录3　家庭理财教育方式与大学生消费行为调查问卷（初测卷）

亲爱的同学：

　　您好！我们希望通过这份问卷了解家庭理财教育方式对大学生消费行为的影响。您的回答关系到我们研究的质量，请认真回答。您不要有任何顾虑，您的答案无对错之分，不涉及个人评价，对答案我们将严格保密。

　　请先填写您的基本情况，然后仔细阅读下面题目，在符合您的方框内画"√"，第一个方框代表"完全不符合"，第二个方框代表"比较不符合"，第三个方框代表"不确定"，第四个方框代表"比较符合"，第五个方框代表"完全符合"。您只能选择一个答案，多选无效。题目做好后，请检查是否有遗漏的地方，一切妥当后请把问卷交给调查人员。对您的支持和合作深表感谢！

大学生消费行为研究课题组

一、您的基本情况（请把符合选项的序号写在下面的横线上）：

（一）您的情况：

1. 性别：＿＿＿　①男　②女　　2. 年龄：＿＿＿

3. 年级：＿＿＿　①大一　②大二　③大三　④大四

4. 是否为独生子女：＿＿＿　①是　②否

5. 家庭所在地：＿＿＿＿＿　①城市　②农村

（二）家长情况：

1. 家长年龄：＿＿＿　①40 岁以下　②40～50 岁　③51～60 岁 ④60 岁以上

2. 家长文化程度：＿＿＿　①小学　②初中　③高中　④大学 及以上

3. 家长职业：＿＿＿　①务农　②工人　③经商　④教师 ⑤公务员　⑥医生　⑦技术人员　⑧其他

4. 家庭月收入：＿＿＿　①1 500 元以下　②1 500～3 000 元 ③3 001～4 500 元　④4 501～6 000 元　⑤6 000 元以上

二、问卷部分

第一部分：家庭理财教育方式问卷

请根据您的实际情况在相应数字上打"√"。

题项	完全不符合	比较不符合	不确定	比较符合	完全符合
1. 家长教育我要节约用钱。	1	2	3	4	5
2. 家长常常与我讨论家庭的经济状况。	1	2	3	4	5
3. 家长对我如何花钱从不干预。	1	2	3	4	5
4. 家长觉得我买某样东西不合适，他们就会反对。	1	2	3	4	5
5. 家长告诉我看见喜欢的东西就买，别委屈自己。	1	2	3	4	5
6. 家长经常教我如何制定合理的用钱计划。	1	2	3	4	5
7. 家长教育我花钱要量力而行，不能打肿脸充胖子。	1	2	3	4	5

题项	完全不符合	比较不符合	不确定	比较符合	完全符合
8. 家长很少教我怎样合理花钱。	1	2	3	4	5
9. 家长从不过问我的零花钱的去向。	1	2	3	4	5
10. 家长很早就教我如何储蓄。	1	2	3	4	5
11. 家长认为如何花钱是我个人的事情。	1	2	3	4	5
12. 家长怕我在学校过得不好会经常给我寄钱。	1	2	3	4	5
13. 我的每次重大购买活动必须征得家长同意。	1	2	3	4	5
14. 家长经常会过问我零花钱的去向。	1	2	3	4	5
15. 家长对我的零花钱有严格控制。	1	2	3	4	5
16. 家长从来不让我自己去赚钱。	1	2	3	4	5
17. 家长很舍得花钱满足我的所有要求。	1	2	3	4	5
18. 当我向家里要钱时，家长总会过问我钱的用途。	1	2	3	4	5
19. 家长告诉我钱要用到刀刃上，不能胡乱花钱。	1	2	3	4	5
20. 家长常常为我的开销而争论或发牢骚。	1	2	3	4	5
21. 我向家长提到钱时，家长就会很心烦。	1	2	3	4	5
22. 家长没有教过我如何储蓄。	1	2	3	4	5
23. 家长很少和我谈起家庭预算。	1	2	3	4	5
24. 家长鼓励我勤工俭学以减轻家庭经济负担。	1	2	3	4	5
25. 家长每次给我钱都很大方。	1	2	3	4	5
26. 家长常常因为自己心境的变化而随意给我零花钱。	1	2	3	4	5
27. 我该买什么东西都是家长决定，我很少有机会自己决定。	1	2	3	4	5
28. 家长很少教我如何制定花销计划。	1	2	3	4	5
29. 家长对我的消费行为比较迁就。	1	2	3	4	5
30. 家长经常让我参与做家庭预算。	1	2	3	4	5
31. 家长每次给我钱时都很小气。	1	2	3	4	5
32. 家长对我的零花钱有合理控制。	1	2	3	4	5
33. 家长常常给我额外的零花钱。	1	2	3	4	5
34. 家长关注我的用钱状况。	1	2	3	4	5
35. 家长经常给我钱让我随便去花。	1	2	3	4	5
36. 家长经常给我钱让我买时髦的东西。	1	2	3	4	5

第二部分：大学生消费行为问卷

请根据您的实际情况在相应的数字上打"√"。

题项	完全 不符合	比较 不符合	不确定	比较 符合	完全 符合
1. 我通常购买经济实用的商品。	1	2	3	4	5
2. 在花钱上我总是和同学在暗自比较。	1	2	3	4	5
3. 即使现在没钱我也会贷款消费。	1	2	3	4	5
4. 我会受商品外观和广告的影响，一时兴起而购买不实用的商品。	1	2	3	4	5
5. 我买东西要求产品经久耐用、经济实惠。	1	2	3	4	5
6. 看到别人买了一件好东西，我也会买。	1	2	3	4	5
7. 我会借钱或贷款买新潮、功能齐全的手机。	1	2	3	4	5
8. 即使没有购买计划，我也会被时尚产品所吸引，产生购买行为。	1	2	3	4	5
9. 我不太在意商品的外形包装、款式色彩。	1	2	3	4	5
10. 我买东西常常与班上的同学保持一致。	1	2	3	4	5
11. 我会用我的学费去买手提电脑或名牌服装。	1	2	3	4	5
12. 因为看中了一件东西的外表，我就会买下那件用处不大的东西。	1	2	3	4	5
13. 我不会受广告和促销人员的影响而盲目购买商品。	1	2	3	4	5
14. 当同学买台式电脑时，我会买手提电脑。	1	2	3	4	5
15. 我不会用交学费的钱去买时髦的东西。	1	2	3	4	5
16. 逛街时我常受到打折广告的诱惑，情不自禁地买下本不想购买的东西。	1	2	3	4	5
17. 我不会去买华而不实的商品。	1	2	3	4	5
18. 我买东西常常是为了满足攀比心理。	1	2	3	4	5
19. 家长给我的生活费，我常常会很快就花光了。	1	2	3	4	5
20. 上街时，我总是控制不住自己消费或购买的欲望。	1	2	3	4	5
21. 我经常购买外形包装和款式色彩都比较好的商品。	1	2	3	4	5
22. 看到同学办生日聚会，我会办得更隆重。	1	2	3	4	5
23. 我常常用明天的钱做今天的事情。	1	2	3	4	5
24. 我逛街时不会受打折广告的诱惑而冲动购买。	1	2	3	4	5

续表

题项	完全不符合	比较不符合	不确定	比较符合	完全符合
25. 我总是根据需要购买物美价廉的商品。	1	2	3	4	5
26. 看到同学使用新型手机时，我会买更新潮的。	1	2	3	4	5
27. 我很少借钱买新潮产品。	1	2	3	4	5
28. 我总能很理智地花钱，不会一时兴起冲动消费。	1	2	3	4	5
29. 我觉得消费上追求时髦可以获得别人的认可。	1	2	3	4	5
30. 我逛街时总是把兜里的钱花光，才感到舒服。	1	2	3	4	5

附录4　家庭理财教育方式
与大学生消费行为调查问卷（正式卷）

亲爱的同学：

您好！我们希望通过这份问卷了解家庭理财教育方式对大学生消费行为的影响。您的回答关系到我们研究的质量，请认真回答。您不要有任何顾虑，您的答案无对错之分，不涉及个人评价，对答案我们将严格保密。

对您的支持和合作深表感谢！

大学生消费行为研究课题组

一、您的基本情况（请在符合的选项上打"√"）：

（一）您的情况：

1. 性别：①男　②女

2. 学校：①985 院校　②211 院校　③普通本科　④专科

3. 专业：①文科　②理工科　③其他

4. 年级：①大一　②大二　③大三　④大四

5. 是否为独生子女：①是　②否

6. 家庭所在地：①城市　②乡镇　③农村

（二）家长情况：

1. 家长年龄：①40 岁以下　②40～50 岁　③51～60 岁　④60 岁以上

2. 家长文化程度：①小学　②初中　③高中　④大学及以上

3. 家长职业：①农民　②工人　③经商　④教师　⑤公务员 ⑥医生　⑦技术人员　⑧其他

4. 家庭收入：①很低　②较低　③中等　④较高　⑤ 很高

二、问卷部分

第一部分：家庭理财教育方式问卷

请根据您的实际情况在相应数字上打"√"。

题项	完全 不符合	比较 不符合	不确定	比较 符合	完全 符合
1. 家长经常让我参与做家庭预算。	1	2	3	4	5
2. 家长经常给我钱让我随便去花。	1	2	3	4	5
3. 当我向家里要钱时，家长总会过问我钱的用途。	1	2	3	4	5
4. 家长常常为我的开销而争论或发牢骚。	1	2	3	4	5
5. 家长没有教过我如何储蓄。	1	2	3	4	5
6. 家长常给我额外的零花钱。	1	2	3	4	5
7. 家长经常会过问我零花钱的去向。	1	2	3	4	5
8. 我向家长提到钱时，家长就会很心烦。	1	2	3	4	5
9. 家长很少教我如何制定花销计划。	1	2	3	4	5
10. 家长告诉我看见喜欢的东西就买，别委屈自己。	1	2	3	4	5
11. 家长对我的零花钱有严格控制。	1	2	3	4	5
12. 家长每次给我钱时都很小气。	1	2	3	4	5
13. 家长经常教我如何制定合理的用钱计划。	1	2	3	4	5
14. 家长很舍得花钱满足我的所有要求。	1	2	3	4	5

续表

题项	完全 不符合	比较 不符合	不确定	比较 符合	完全 符合
15. 家长对我如何花钱从不干预。	1	2	3	4	5
16. 我该买什么东西都是家长决定，我很少 有机会自己决定。	1	2	3	4	5
17. 家长常常与我讨论家庭的经济状况。	1	2	3	4	5
18. 家长经常给我钱让我买时髦的东西。	1	2	3	4	5
19. 家长关注我的用钱状况。	1	2	3	4	5
20. 家长从不过问我的零花钱的去向。	1	2	3	4	5

第二部分：大学生消费行为问卷

请根据您的实际情况在相应的数字上打"√"。

题项	完全 不符合	比较 不符合	不确定	比较 符合	完全 符合
1. 我通常购买经济实用的商品。	1	2	3	4	5
2. 看到别人买了一件好东西，我也会买。	1	2	3	4	5
3. 我会借钱或贷款买新潮、酷炫的手机。	1	2	3	4	5
4. 我会受商品外观和广告的影响，一时兴起 而购买不实用的商品。	1	2	3	4	5
5. 我买东西要求产品经久耐用、经济实惠。	1	2	3	4	5
6. 当同学买笔记本电脑时，我会买比他们更 好的电脑。	1	2	3	4	5
7. 我会用我的学费去买新潮手机或名牌服装。	1	2	3	4	5
8. 即使没有购买计划，我也会被时尚产品所 吸引，产生购买行为。	1	2	3	4	5
9. 我不会受广告和促销人员的影响而盲目购 买商品。	1	2	3	4	5
10. 我买东西常常是为了超越他人满足面子 问题。	1	2	3	4	5
11. 我不会用交学费的钱去买时髦的东西。	1	2	3	4	5
12. 因为看中了一件东西的外表，我就会买 下那件用处不大的东西。	1	2	3	4	5
13. 我不会去买华而不实的商品。	1	2	3	4	5
14. 看到同学办生日聚会，我会办得更隆重。	1	2	3	4	5
15. 我很少借钱买新潮产品。	1	2	3	4	5

续表

题项	完全 不符合	比较 不符合	不确定	比较 符合	完全 符合
16. 看到琳琅满目的商品时，我总是控制不住自己消费的欲望。	1	2	3	4	5
17. 我总是根据需要购买物美价廉的商品。	1	2	3	4	5
18. 看到同学使用新型手机时，我会买更新潮的。	1	2	3	4	5
19. 我总能很理智地花钱，不会一时兴起冲动消费。	1	2	3	4	5

第三部分：大学生金钱态度问卷

请根据您的实际情况在相应的数字上打"√"。

题项	完全 不符合	比较 不符合	不确定	比较 符合	完全 符合
1. 我用金钱来影响他人，让别人为我做事。	1	2	3	4	5
2. 我买某些东西是因为我知道它们会给别人留下深刻的印象。	1	2	3	4	5
3. 有时我会炫耀我的金钱和财富。	1	2	3	4	5
4. 金钱是衡量成功的最佳标准。	1	2	3	4	5
5. 我发觉我更尊重比我有钱的人。	1	2	3	4	5
6. 我会为了未来而做财务规划。	1	2	3	4	5
7. 我会定期地将钱存起来以备不时之需。	1	2	3	4	5
8. 我会记录我花出去的钱。	1	2	3	4	5
9. 我花钱十分小心谨慎。	1	2	3	4	5
10. 在我的经济状况不理想时，我仍然有钱可应付开销。	1	2	3	4	5
11. 购物时，我会对所买东西的价格抱怨一番。	1	2	3	4	5
12. 当我发现在其他地方能够以更便宜的价格买到相同的商品时，我总是感到很郁闷。	1	2	3	4	5
13. 无论是否买得起，我都经常很自然地说"我买不起"。	1	2	3	4	5
14. 我舍不得花钱，即便是花钱来买必需品我也心疼。	1	2	3	4	5
15. 当进行一笔大额采购时，我总是担心我被占便宜。	1	2	3	4	5

续表

题项	完全 不符合	比较 不符合	不确定	比较 符合	完全 符合
16. 我很难抗拒特价商品的诱惑。	1	2	3	4	5
17. 若错过一次特价大促销，我会非常懊恼。	1	2	3	4	5
18. 花钱的感觉真好。	1	2	3	4	5
19. 当我囊中羞涩时，我会感到烦躁不安。	1	2	3	4	5
20. 当我的财务状况不稳定时，我会感到忧虑。	1	2	3	4	5

第四部分：大学生消费观问卷

请根据您的实际情况在相应数字上打"√"。

题项	完全 不符合	比较 不符合	不确定	比较 符合	完全 符合
1. 我羡慕那些拥有昂贵的房子、汽车和衣服的人。	1	2	3	4	5
2. 我通常只买我所需要的东西。	1	2	3	4	5
3. 比起我所认识的大多数人来说，我不那么重视物质的东西。	1	2	3	4	5
4. 获得物质财产是生命中最重要的成功之一。	1	2	3	4	5
5. 在生活方面，我试图保持简单朴素。	1	2	3	4	5
6. 享受生活所真正需要的东西我都拥有了。	1	2	3	4	5
7. 我不太强调将拥有物质的多寡作为个人成功与否的标志。	1	2	3	4	5
8. 我所拥有的物质对我来说并不是都很重要。	1	2	3	4	5
9. 如果能拥有一些我现在还没有的物品，我的生活将会更好。	1	2	3	4	5
10. 一个人所拥有的物质在很大程度上可以说明他有多么成功。	1	2	3	4	5
11. 我喜欢花钱买一些不实用的东西。	1	2	3	4	5
12. 即使我拥有更好的物品，我的生活也不会因此而更加幸福。	1	2	3	4	5
13. 我喜欢拥有能给人们留下深刻印象的物品。	1	2	3	4	5
14. 购物能给我带来很多快乐。	1	2	3	4	5
15. 如果我能买得起更多的东西，我会更加幸福。	1	2	3	4	5
16. 我不太关注别人所拥有的物品。	1	2	3	4	5

题项	完全不符合	比较不符合	不确定	比较符合	完全符合
17. 我喜欢我的生活中有许多奢侈品。	1	2	3	4	5
18. 我有时因买不起所有我想要的东西而十分烦恼。	1	2	3	4	5

请检查有没有遗漏的题目！

再次感谢您的合作！

参 考 文 献

一、经典著作及文献

[1] 马克思恩格斯选集（第1—4卷）[M]. 北京：人民出版社，1995.

[2] 列宁选集（第1—4卷）[M]. 北京：人民出版社，1995.

[3] 毛泽东选集（第1—4卷）[M]. 北京：人民出版社，1991.

[4] 习近平. 习近平谈治国理政（第1—4卷）[M]. 北京：外文出版社，2014，2017，2020，2022.

[5] 习近平总书记系列重要讲话读本[M]. 北京：学习出版社、人民出版社，2016.

二、中文专著及外文译著

[1] [美] 艾德里安·弗恩海姆，[美] 迈克尔·阿盖尔. 金钱心理学[M]. 李丙太，高卓，张葆华，译. 北京：新华出版社，2001.

[2] [美] 凡勃伦. 有闲阶级论[M]. 蔡受百，译. 北京：商务印书馆，2004.

[3] 编写组. 中华人民共和国学校思想政治理论课重要文献选编（上下册）[M]. 北京：人民出版社，2022.

[4] 符国群. 消费者行为学[M]. 北京：高等教育出版社，

2001.

　　[5] 郭志刚. 社会统计分析方法 SPSS 软件应用（第二版）[M]. 北京：中国人民大学出版社，2015.

　　[6] 侯杰泰，温忠麟，成子娟. 结构方程模型及应用 [M]. 北京：教育科学出版社，2004.

　　[7] 黄希庭. 当代中国大学生心理特点与教育 [M]. 上海：上海教育出版社，1999.

　　[8] ［美］利昂·希夫曼（Leon G. Schiffman），[美] 约瑟夫·维森布利特（Joseph Wisenblit）. 消费者行为学（第 11 版）[M]. 江林，张恩忠，等译. 北京：中国人民大学出版社，2015.

　　[9] 林建煌. 消费者行为 [M]. 台北：智胜文化事业有限公司，2002.

　　[10] 陆剑青. 消费行为学 [M]. 北京：清华大学出版社，2015.

　　[11] 卢纹岱. SPSS for Windows 统计分析 [M]. 北京：电子工业出版社，2000.

　　[12] 马义爽，王春利. 消费心理学 [M]. 北京：首都经贸大学出版社，2002.

　　[13] [德] 齐奥尔格·齐美尔. 时尚的哲学 [M]. 罗钢，王中忱，译. 北京：中国社会科学出版社，2003.

　　[14] 沈壮海. 新编思想政治教育学原理 [M]. 北京：中国人民大学出版社，2022.

　　[15] 苏东水. 管理心理学 [M]. 上海：复旦大学出版社，2002.

　　[16] 孙艳玲，何源，李阳旭. 例说 SPSS 统计分析 [M]. 北京：人民邮电出版社，2010.

　　[17] 孙颖心. 老年心理学 [M]. 北京：经济管理出版社，

2007.

　［18］徐玖平，牛永革，李小平．中国大学生财经素养状况蓝皮书［M］．北京：经济管理出版社，2021.

　［19］章志光．社会心理学［M］．北京：人民教育出版社，1996.

三、学术论文

（一）学术期刊及报纸论文

　［1］陈振中．"情感体制"视角下大学生消费行为探析［J］．南京师大学报（社会科学版），2021（5）：46－55.

　［2］陈玲芬．中国理财教育现状、问题和对策［J］．河北师范大学学报（教育科学版），2011（2）：16－19.

　［3］邓演平．大学生日常消费状况的调查与研究［J］．现代教育科学，2005（4）：110－114.

　［4］傅顺，裴平，顾天竹．大学生的消费行为、网贷意愿和网贷平台偏好——基于江苏省高校问卷调查数据的实证分析［J］．兰州学刊，2019（11）：108－120.

　［5］宫立波．我国高校开展消费教育的几个问题［J］．武陵学刊（社会科学），1998（2）：89－90.

　［6］高飞，张聪颖，汪岳．当代大学生的消费心理和消费行为［J］．中国临床康复，2005（9）：229.

　［7］关颖，刘春芬．父母教养方式与儿童社会性发展［J］．心理发展与教育，1994（4）：36－40.

　［8］公丕民，王飞，李建伟．关于对中小学生进行理财教育的探索［J］．当代教育论坛（学科教育研究），2007（4）：54－55.

　［9］胡娟．大学生消费心理和消费行为的研究［J］．心理科学，2003（2）：52－54.

［10］何结南，陆汉文．九十年代大学生消费研究述评［J］．青年研究，1999（4）：44－48．

［11］何勤勇．思想教育应注意对大学生消费行为的引导［J］．思想教育研究，2000（3）：46－47．

［12］何昀．关于我国当前的消费者教育问题［J］．消费教育，1999（3）：49．

［13］何建华．消费者在线冲动性购买行为影响因素分析［J］．消费经济，2013（6）：46－50．

［14］洪明．我国城市家庭理财教育问题及其对策——基于10城市的调研［J］．山东省团校学报，2010（5）：17－20．

［15］胡伟国．温州青年不良消费现象思考［J］．温州师范学院学报，2000，21（5）：65．

［16］黄艾丽．关于我国城乡家庭教育差异的比较分析［J］．宜宾学院学报，2007（1）：107－110．

［17］金雪莲，史新新．家庭理财教育方式对大学生消费决策风格影响［J］．现代商贸工业，2013（23）：26－27．

［18］蒋奖，曾陶然，杨淇，等．青少年物质主义的成因、测量与干预［J］．心理科学进展，2016（8）：1266－1278．

［19］罗丽榕．加强大学生的个人理财教育与消费引导［J］．集美大学学报，2004（3）：67－71．

［20］刘家桂，丰根凤．理财教育之我见［J］．商场现代化，2004（10）：38－39．

［21］李永华，鄢庆丰．大学生活奢侈吗？武汉高校大学生特殊消费情况调查［J］．青年研究，2000（6）：28－29．

［22］陆汉文．大学生：消费与现代性［J］．青年研究，1999（6）：38－39．

［23］刘金花．家庭研究新观点评述［J］．心理科学，1996

(9)：58－62.

［24］李雪欣，郁云宝，刘真真．价格促销与顾客冲动性购买的关系研究［J］．东北大学学报（社会科学版），2018（2）：140－146.

［25］李昕荣，杜夏明，吴彪．大学生消费行为的问题及分析［J］．思想·理论·教育，2000（2）：35－37.

［26］李海波，刘佩瑶．当代大学生畸形消费行为及规制［J］．学术论坛，2019（4）：131－136.

［27］李越，陈彦旭．大学生消费影响因素实证分析［J］．经济理论与实践，2019（2）：17－28.

［28］刘映海，丹豫晋．青少年体育消费决策方式的结构、类型及其与家庭理财教育的关系［J］．体育与科学，2016（3）：105－113.

［29］林明惠．大学生网贷消费行为调查分析及引导策略［J］．思想理论教育，2017（5）：79－83.

［30］栾嘉遥．大学生超前消费行为分析——以闽江学院为例［J］．经济研究导刊，2020（1）：58－60.

［31］马永耀．浅谈大学生消费观念和消费行为［J］．河北师范大学学报，1998（3）：30－35.

［32］牛琛，刘金平．冲动特性与金钱态度对冲动性购买行为的影响［J］．心理研究，2015，8（4）：57－62.

［33］吴利明．对当代大学生加强理财教育的思考［J］．山西高等学校社会科学学报．2005（2）：80－81.

［34］王宁．"国家让渡论"：有关中国消费主义成因的新命题［J］．中山大学学报（社会科学版），2007（4）：1－7.

［35］王易．推进新时代思想政治理论课高质量发展［J］．红旗文稿，2022（6）.

［36］王英民．大学生消费现状分析与对策［J］．南京理工大学学报（哲学社会科学版），1998，11（6）：89-90．

［37］王卫东，信力建．中小学理财教育的认识与探索［J］．教育研究，2003（7）：91-95．

［38］王成慧，范军，宋艳静．电商购物节对消费者冲动性购买行为的影响分析［J］．价格理论与实践，2018（7）：127-130．

［39］吴茜，刘薰词．大学生消费行为问题及其对策［J］．邵阳学院学报．2006（6）：49-50．

［40］吴鲁平．中学生冲动性购买倾向研究——对北京、郑州1156名中学生的调查分析［J］．中国青年研究，2010（2）：16-19．

［41］王丽，吴姝．当代大学生消费行为研究［J］．学校党建与思想教育，2005（3）：79-80．

［42］温忠麟，侯杰泰，张雷．调节效应与中介效应的比较和应用［J］．心理学报，2005，37（2）：268-274．

［43］温忠麟，叶宝娟．中介效应分析：方法和模型发展［J］．心理科学进展，2014，22（5）：731-745．

［44］温忠麟，张雷，侯杰泰．有中介的调节变量和有调节的中介变量［J］．心理学报，2006（3）：448-452．

［45］温忠麟，张雷，侯杰泰，刘红云．中介效应检验程序及其应用［J］．心理学报，2004，36（5）：614-620．

［46］万云英，李涛．优差生学习行为模式与家庭教育方式的关系［J］．心理发展与教育，1993（3）．

［47］石庆新，傅安洲．当代大学生网购成瘾倾向的现状调查［J］．当代青年研究，2016（1）．

［48］施应玲．大学生消费心理和消费行为调查及分析［J］．华北电力大学学报（社科版），1998（4）：48-50．

［49］宋剑锋. 对学生进行理财教育家庭是关键［J］. 现代教育科学，2003（3）.

［50］宋思根，冯林燕. 青年消费者决策型态研究——兼谈中外大学生消费决策行为的差异［J］. 广东商学院学报，2008（5）：92 - 97.

［51］陶沙，王耘，王雁苹，董奇. 3—6 岁儿童母亲教养行为的结构及其与儿童特征的关系［J］. 心理发展与教育，1998（3）：50 - 53.

［52］秦云，祝志杰. 大学生消费心理及消费原则浅论［J］. 华东电力大学学报，2001（2）：93 - 95.

［53］武曼，李云，廖泷宇，等. 大学生超前消费行为影响因素调查分析——以湖北省大学生为例［J］. 质量与市场，2021（17）.

［54］肖波. 白领家长更"宠"孩子［N］. 中国教育报，2005 - 08 - 18.

［55］许慧，鲁艳清. 大学生财商教育的着力点——基于武汉市大学生理财现状的问卷调查［J］. 人民论坛，2020（9）：118 - 119.

［56］谢晓东，喻承甫，张卫. 大学生物质主义与冲动性购买行为：金钱态度的中介作用［J］. 应用心理学，2017（1）：40 - 48.

［57］向蓉，雷万鹏. 家庭教养方式如何影响儿童问题行为？［J］. 教育与经济，2021（5）：49 - 57.

［58］熊素红，景奉杰. 冲动性购买影响因素新探与模型构建［J］. 外国经济与管理，2010（5）：56 - 64.

［59］袁魁昌，东升. 关于大学生消费问题的思考［J］. 山东医科大学学报（社科版），1995（2）：85 - 87.

[60] 叶升．理财教育的观察与思考 [J]．班主任之友，2003 (5)：44 - 46.

[61] 闫樱．当代大学生消费观研究述评 [J]．北京青年政治学院，2004 (12)：29 - 32.

[62] 闫缨，任意．大学生的消费心理分析和引导 [J]．昆明大学学报（综合版），2004 (1)：57 - 59.

[63] 杨圣明．马克思主义消费理论的中国化问题研究 [J]．消费经济，2017 (2)：3 - 7.

[64] 张进辅．我国大学生人生价值观特点的调查研究 [J]．心理发展与教育，2003 (2)：50 - 54.

[65] 张志祥．当代青年消费行为扭曲的原因透视 [J]．青海民族学院学报，2000 (3)：40 - 45.

[66] 周颖华．倡导理财教育 提高学生经济素质 [J] 现代教育科学，2003 (3)：37 - 38.

[67] 朱翊敏．结伴购物对冲动性购买行为的影响研究——以大学生群体为例 [J]．消费经济，2011 (4)：57 - 60.

[68] 张鹏，等．网络社群对消费者冲动性购买的影响因素：模型及实证分析 [J]．商业经济研究，2019 (4)：66 - 69.

[69] 张俊，邹泓．中学生消费价值观在家庭理财教育方式与消费决策风格之间的中介作用 [J]．心理科学，2012，35 (2)：376 - 383.

[70] 杨银娣．基于 Tobit 模型的大学生信用消费分析研究 [J]．中南民族大学学报（自然科学版），2021 (6)：654 - 660.

[71] 张海霞．荣辱观视野下大学生理财教育探析 [J]．教育探索，2007 (12)：49 - 50.

[72] 张志祥．当代大学生消费的特征及趋势 [J]．中国青年研究，2002 (5)：13 - 16.

［73］张伟，杨婷，张武康．移动购物情境因素对冲动性购买意愿的影响机制研究［J］．管理评论，2020（2）：174－183.

［74］张圣亮，陈流亮．电子商务环境下消费者冲动性购买影响因素研究［J］．上海管理科学，2013（4）：20－24.

（二）博硕学位论文

［1］蔡瑞华．台北市国中生的金钱态度之研究［D］．台湾师范大学，2000.

［2］蔡昕妍．初中生自我价值感与主观幸福感的关系：金钱态度的中介作用［D］．四川师范大学，2018.

［3］常亚楠．消费与认同：大学生超前消费行为的社会学分析［D］．西南大学，2021.

［4］国小变．大学生非理性消费问题及引导对策研究［D］．辽宁大学，2016.

［5］Hong Ju Yeon．父母对中学生消费决策风格的影响［D］．浙江大学，2017.

［6］李晖．3—6岁儿童兴趣发展与家庭教育方式的关系研究［D］．西北师范大学，2005.

［7］乔晓丽．当代中小学校的理财教育探析［D］．曲阜师范大学，2007.

［8］赵剑辉．引导大学生健康消费的对策研究［D］．东北师范大学，2006.

［9］赵敏．大学生人格特质对冲动性购买行为的影响：金钱态度的中介作用［D］．河南大学，2018.

［10］张俊．中学生消费决策风格、消费价值观特点及其与家庭理财教育方式的关系［J］．北京师范大学，2009.

［11］张怡．新时代大学生消费观问题研究［D］．郑州轻工业大学，2020.

［12］曾智. 大学生自我概念与消费行为研究［D］. 南京师范大学，2004.

［13］周伟. 当代大学生消费价值观存在的问题及对策研究［D］. 河北师范大学，2012.

四、外文文献

［1］D'Astous A. , Maltais J. , & Roberge C. Compulsive buying tendencies of adolescent consumers［J］. Advances in Consumer Research，1990，17（1），306 – 312.

［2］Duesenberry J. S. Income，saving and the theory of consumer behavior［M］. Cambridge，Massachusetts：Harvard University Press，1959：22 – 32.

［3］Fu X. Y. , Kou Y. , & Yang Y. Materialistic values among Chinese adolescents：Effects of parental rejection and self-esteem［J］. Child & Youth Care Forum，2015，44：43 – 57.

［4］Hayes A. Introduction to mediation，moderation，and conditional process analysis［J］. Journal of Educational Measurement，2013，51（3）：335 – 337.

［5］Kasser T. , Ryan R. M. , Zax M. , & Sameroff A. J. The relations of maternal and social environments to late adolescents' materialistic and prosocial values［J］. Developmental Psychology，1995，31，907 – 914.

［6］Krueger D. W. Money meanings and madness：A psychoanalytic perspective［J］. Psychoanalytic Review，1991，78（2）：209 – 224.

［7］Bryane Michael. Financing education and training in central and eastern Europe［J］. Education Economics，1993，1（2）：115.

［8］McKay Gretchen. Financing education［J］. Executive Report, 1997, 16 (4): 39.

[9] Mei-hua Chen. Ethics: An urgent competency in financial education [J]. Journal of American Academy of Business, 2005, 6 (2): 74 – 79.

[10] Myra Pollack Sadker, David Miller Sadker. Teachers, Schools, Society [M]. 5thed. McGraw-Hill Higher Education, 2000.

[11] Manchiraju, S., & Krizan, Z. What is materialism? Testing two dominant perspectives on materialism in the marketing literature [J]. Management & Marketing Challenges for the Knowledge Society, 2015, 10 (2), 89 – 102.

[12] Richins M. L., Daw son S. A consumer values orientation for materialism and its measurement: Scale development and validation [J]. J ConsRes, 1992, 19 (4): 303 – 316.

[13] Shrum L. J., Wong N., Arif F., et al. Reconceptualizing materialism as identity goal pursuits: Functions, processes, and consequences [J]. Journal of Business Research, 2013, 66 (8): 1179 – 1185.

[14] Tang T., Tillery K., Lazarevski B., et al. Money profiles and work-related attitudes: The endorsement of the Money Ethic among people in Macedonia [C]. Vienna: Paper to be presented at the 25th Annual Colloquium of the International Association for Research in Economic Psychology, 2000 (7).

[15] Wernimont P. F., Fitzpatrick S.. The meaning of money [J]. Journal of Applied Psychology, 1972, 56 (3): 218.

[16] Yamauchi K. T., Templer D. I. The development of a money attitude scale [J]. Journal of Personality Assessment, 1982, 46: 522 – 528.